この1冊でスラスラ！

社会保険労務士
岡久
Oka Hisashi

労働法大全

自由国民社

はじめに

　頑張ったら頑張った分だけ評価して欲しい。自分の能力は正当に評価して欲しい。

　日本の会社に勤めている人なら誰もが思うことでしょう。

　また、この人から学びたい、この上司についていきたい、力を結集すれば、こんな未来が実現できる。それを皆で分かち合いたいと思う人もいるでしょう。

　いつの時代も我武者羅に働く姿は美しいものです。働いた後の一杯は最高に美味いものです。働くことで幸せを感じ取ることもできます。

　ですが、一方で働きたくない、楽してお金を稼ぎたい、税金は払いたくない、という人がいるのも事実です。

　人には働く自由があるように、辞める自由、転職する自由、起業する自由があります。

　労働の実務で大事なことは、「個（ヒト）と組織」の関係を理解することにあります（注1）。

　日本の強みは、人々が勤勉で礼儀正しく、謙虚で相手を「思いやる心」があること。日本の平和と成長は、日本で働く人々の「自律（注2）と結束」によってもたらされます。

　雇用のミスマッチや労使の紛争、生きがい・働きがいの追及は、人がこの世の中からいなくならない限り、無くなることはありません。

　誰もが幸せを噛みしめることができる社会（注3）へ、労働を学ぶ面白さは、ここにあります。

注1）個別労働関係の当事者は、労働者と使用者ですが、労働法では立場が違えば見方が異なることになります。

注2）自律：自らを律すること

注3）Society5.0：人間中心社会

□本書の視点 ◇◇◇◇◇◇◇◇◇◇◇◇◇◇◇◇◇◇◇◇◇◇◇◇◇

戦争・地政学的緊張など、世界情勢はこれまでにないほど不安定化しています。

国際社会は、専制主義による「力」での一方的変更によって秩序は乱され、日本の産業を取り巻く環境は大きく変わっています。

経済においても「国際法」が守られず、専制主義国家が外国企業排除を行っていることから、民主主義国家たる日本では「経済安全保障」の確立が急がれているところです（注）。

この様な社会経済情勢から、近年の労使関係は、サプライチェーンやグローバル企業を中心に、日本国内は相対関係から事業の継続と成長に主眼を置いた協調関係（集団的利益追従のための組織的機能）へと変化しています。

本書では、こうした背景から労働法分野を「経営労務」に焦点をあて、個人と組織の関係は労働市場の視点から、雇用関係においては人事総務に求められる視点から記述しています。

注）経済安全保障では、より強固なパートナーシップの構築が求められています。

≪経営労務≫

経営の合理化・効率化	価値観の共有・ビジョンの浸透（経営理念・行動指針・求める人物像）
	人事・賃金制度改定（労働時間法制の活用）
	評価制度の構築（意識改革・労働生産性向上）
	労働力ポートフォリオ再構築・BPR（契約形態の見直し）
	企業再編（合併・分割・廃止）
	経営労務監査の実施
その他	IT・AI の活用
	正社員転換・育児休業者に対する早期職場復帰支援
	高齢者雇用・障害者雇用・国内外の高度専門職人材の活用（雇用・委託などの契約ミックス）

本書で使用する言葉

	労務管理上の呼び方		
	労働法	社会保険法	税法
給与 （給料 etc.）	賃金	報酬	給与、報酬
給与を支払う側 （会社、社長 etc.）	使用者、事業主、雇用者	適用事業所（事業所）、事業主	給与の支払い者（給与支払者）、使用者、源泉徴収義務者
給与を受ける側 （社員、パート、アルバイトetc.）	労働者	被保険者	給与の支払いを受ける者（給与所得者）、使用人
働く場所 （会社、職場 etc.）	事業場	事業所	事務所、事業所

※それぞれ呼び方に違いはありますが、基本的には同じものを指します。本書では、便宜上、使用者のことを会社または事業主、事業者、従業員のことを労働者または社員、給与所得者、給与のことを賃金または報酬を主に用いることとし、必要に応じ、それぞれの場面で適当と思われるものを選択し記述いたします。

　「労働」は、社会や国、企業経営との関係、「労働法」の実務では、法務と労務の違いを抑えておくことが大切になります。

■労働法とは

　労働法は、労働に関する法律の総称になります。「労働法」には、「法」の字が入っていますが、労働法という単体の法律はありません。法分野としての労働は、憲法を頂点とした民事法・刑事法・行政法を基幹とする全法体系の中に組み込まれた「概念、原理、枠組み」になります。

　日本の主権は「民主主義」にあります。日本は、司法権を強化した「法治主義」を貫き、最高法規たる憲法で、不可侵の人権を保障しています。

■基本となる考え方（法的思考）

　「概念・原理・枠組み」は、法的思考を身につけることで理解することができます。

　国や行政、国民については役割や責務（責任・義務）、多方面にわたる複雑な事案は、それぞれの立場における「権利・義務」で考え、経済活動における法的責任は、私人間の利益の調整と配分、契約当事者の履行状況から考えます。

国や行政の役割	自由の保障、社会保障、教育、保護、監督、セーフティネット etc.
国民の義務	教育、勤労、納税 etc.

　国や行政の役割には、自由の保障、社会保障、教育、保護、監督、セーフティネットなどがあります。保護には、弱者保護があります。弱者は児童だけでなく、経済的立場や優位性の違いも保護の対象となります（注1）。

　また、セーフティネットには、「給付」があります。給付は、努力が報われる社会の下、公平公正に、国民の義務を阻害しない範囲で、必要最低限で行われるべきものになります（注2）。

注1）　性別も含まれます。
注2）　不正行為には厳罰化が求められます。投入されるのは「税金」ですから、差別を「カネ」や「トッケン（特権）」にしてはなりません。

	主なもの	国に対する不正行為	適用
法的保護 セーフティネット	・生活保護	不正受給	刑法 （詐欺罪など）
	・障害等の年金		
	・失業に関する給付		
	・休業に関する給付		

以下は、司法における基本となる考え方（いわゆる「法的思考」）になります。

【法的思考】　客観性は…？　合理性は…？　社会通念上は…？

　責任の有無については、内在するリスクを含む予見可能性から、責任の大きさ（程度）は、立場（不利益・社会的利害）や範囲、期間、代償の有無や合理性から判断されます。

　また、個別主義や自由主義と全体主義がぶつかるような場合、社会生活上の権利に利害がある場合は、利益較量の上、利害の調整が求められます（注）。

注）前提として、国や行政には民事不介入の原則（法令違反を除く）があります。

　尚、個々の許容は、思想（思考）や信条（信念）によるところとなります（注）。

注）思想や信条には、いわゆる「右派・左派・中道、保守、リベラル…」などがあります。
　自由や規制、保護に対する自己の許容については、対象を「他者」に置き換えて考えることもできます。尚、労働実務には、労働市場における価値という見方があり、この分野（ヒューマン・アセスメント）では、「思考」を重視することから、一般にプラスに働くことがない「他責思考」などは、市場における価値は低くなる傾向にあります。

労働の分野では、責任や役割に対する追及（法的追及を含む）があり、実務では、次のようなものがあります。

責任に対する追及：例（法務）	役割に対する追及：例（労務）
事業は何ですか？ 事業リスクは把握していましたか？ 事業リスクは予見されていましたか？ リスク体制や相談窓口は整っていましたか？ 管理体制はどの様になっていましたか？ 教育や研修を行っていましたか？ 外部専門家に意見を求めていましたか？ どの様な契約になっていますか？ 範囲や期間は決めていますか？ 成果物は基準に合っていますか？ 要件は満たしていますか？ 代替措置はありますか？ 合理性はありますか？	貴方の仕事（業務）は何ですか？ 貴方の役職は何ですか？ 貴方の立場はどの様な立場ですか？ 貴方の役割はどの様な役割になっていますか？ 貴方はリスクを把握していますか？ 貴方は仕事をどの様に進めていましたか？ 貴方の仕事の進め方は合理的なものでしたか？ 貴方は知識や技能の習得に努めていましたか？ 貴方は決められたことを守っていましたか？ 貴方の仕事のスピード（量）は適正ですか？ 貴方の仕事のクオリティ（質）は適正ですか？ 貴方は組織にどの様な貢献をしましたか？ 貴方はどの様な成果をもたらしましたか？

■個別労使関係・集団的労使関係

　個々の労働者と使用者の関係は、労働法の適用を受ける「労働契約」に集約されます。労働契約は、民法の「雇用」に依拠し、労働契約は、労働者及び使用者を「対等な立場」とし、契約自由の原則から、契約を当事者の自由なる合意に委ねています。

　ただ実際は、労働条件の決定は使用者が行い、契約は労働者がこれを受け入れることによって成立するため、労働者と使用者の経済的格差の下では、労使が対等な立場になるかというと、そうはならない場合があります。

　そのため、国家が労働基準法、最低賃金法を制定し、民法の契約の自由に一定の制約を課し、或いは契約の自由を実質的に回復させ、労使間の契約の内容に介入する措置を採っています。

　また、国家は他方で、労働組合法を制定し、労働者の団体交渉を通じて締結する労働協約によって、労働条件向上を実現する事を認めています。

【労働法を構成する重要な条文】

すべて国民は、健康で文化的な最低限度の生活を営む権利を有する。	日本国憲法第25条
すべて国民は、勤労の権利を有し、義務を負ふ。賃金、就業時間、休息その他の勤労条件に関する基準は、法律でこれを定める。児童は、これを酷使してはならない。	日本国憲法第27条
労働条件は、労働者が人たるに値する生活を営むための必要を充たすべきものでなければならない。この法律で定める労働条件の基準は最低のものであるから、労働関係の当事者は、この基準を理由として労働条件を低下させてはならないことはもとより、その向上を図るように努めなければならない。	労働基準法第1条（労働条件の原則）
労働条件は、労働者と使用者が、対等の立場において決定すべきものである。労働者及び使用者は、労働協約、就業規則及び労働契約を遵守し、誠実に各々その義務を履行しなければならない。	労働基準法第2条（労働条件の決定）
使用者は、最低賃金の適用を受ける労働者に対し、その最低賃金額以上の賃金を支払わなければならない。	最低賃金法第4条（最低賃金の効力）
労働基準監督官は、労働基準法違反の罪について、刑事訴訟法に規定する司法警察官の職務を行う。	労基法第102条（労働基準監督官の権限）

何人も、法令に特別の定めがある場合を除き、契約をするかどうかを自由に決定することができる。契約の当事者は、法令の制限内において、契約の内容を自由に決定することができる。	民法第521条（契約の締結及び内容の自由）
契約は、契約の内容を示してその締結を申し入れる意思表示（以下「申込み」という。）に対して相手方が承諾をしたときに成立する。契約の成立には、法令に特別の定めがある場合を除き、書面の作成その他の方式を具備することを要しない。	民法第522条（契約の成立と方式）
雇用は、当事者の一方が相手方に対して労働に従事することを約し、相手方がこれに対してその報酬を与えることを約することによって、その効力を生ずる。	民法第623条（雇用）
労働契約は、労働者及び使用者が対等の立場における合意に基づいて締結し、又は変更すべきものとする。	労働契約法第3条（労働契約の原則）
労働契約は、労働者が使用者に使用されて労働し、使用者がこれに対して賃金を支払うことについて、労働者及び使用者が合意することによって成立する。	労働契約法第6条（労働契約の成立）
労働基準法で定める基準に達しない労働条件を定める労働契約は、その部分については無効とする。この場合において、無効となった部分は、この法律で定める基準による。	労働基準法第13条（法律違反の契約）

勤労者の団結する権利及び団体交渉その他の団体行動をする権利は、これを保障する。	日本国憲法第28条
「労働組合」とは、労働者が主体となって自主的に労働条件の維持改善その他経済的地位の向上を図ることを主たる目的として組織する団体又はその連合団体をいう。	労働組合法第2条（労働組合）

CONTENS

◇ 目次

はじめに

本書の視点…3

本書で使用する言葉…4

労働法とは…5

基本となる考え方（法的思考）…5

個別労使関係・集団的労使関係…8

1.「労働」とは ||||||||||||||||||||||||||||||||||||||

1-1「労働」とは…18

1-2 労働を取り巻く環境（ロボット vs ヒトの時代へ）…19

1-3 労働に必要な精神（可能性は無限大∞）…20

1-4 働く目的…21

1-5 労働の本質…22

■事業（個）…22

■組織…22

■雇用…23

1-6 労働の価値（動機づけ）…23

1-7 労働の搾取…24

1-8 労働搾取の実態…26

1-9 特定商取引と労働…27

1-10 労働実態…28

1-11 勤労と国家…29

2. 労働法の位置づけ ||||||||||||||||||||||||||||||||

2-1 労働法の位置づけ…31

2-2 社会との整合…31

2-3 私権における法律関係（権利・義務）…32

2-4 労働法と憲法との関係…33

2-5 社会保障（社会保険）…35

2-6 労働法と民法との関係…36

2-7 労働に関する法律（労働関係法）…37

2-8 労働三法（労基法・労組法・調整法）…38

3. 労働法3分類 ||||||||||||||||||||||||||||||||||

3-1 労働法3分類…39

3-2 労働市場（需要と供給）…39

3-3 行政サービス（雇用保険の事業）…40

3-4 民間サービス（派遣・紹介）…42

3-5 個別労使関係（労働契約の締結及び終了）…43

3-6 団体的労使関係（労働三権）…44

3-7 効力関係…45

3-8 労働基準行政…46

4. 労務管理 (組織管理)

4-1 労務管理 (組織管理) …47

4-2 使用従属と労使協調…48

4-3 個と組織の関係…49

4-4 労務管理の流れ (全体像) …49

4-5 労働実務…51

■法定三帳簿…51

4-6 組織管理…52

4-7 使用者権限…53

4-8 予防法務としての労務管理…54

4-9 集団的利益 (労使共通の視点) …55

5. 個別労働関係

5-1 個別労働関係…56

5-2 労働者及び使用者…57

5-3 労基法における事業 (適用事業) …58

5-4 労働条件…59

■労働条件の決定…59

5-5 労働条件の明示…60

■労働条件の相違 (労働契約の即
時解除と帰郷旅費) …60

5-6 労働条件の変更…61

5-7 禁止事項 (賠償予定の禁止・前借金相殺の禁止等) …62

5-8 労働法上の責任…63

■休業手当…63

■労働災害…64

5-9 第三者に対する責任…64

6. 募集・採用

6-1 募集・採用…65

6-2 求人広告…66

■応募資格…66

6-3 最低年齢等…67

■年少者の就業…67

■未成年者の労働契約…67

■雇入れ時の年齢確認義務…67

6-4 均等待遇…68

6-5 同一労働同一賃金…68

6-6 性別と労働条件…69

6-7 男女雇用機会均等法…70

6-8 障害者雇用義務…70

7. 労働契約

7-1 労働契約…71

7-2 労働契約 5 原則…72

7-3 労働契約の効力…72

7-4 労働契約の成立…73

7-5 試用期間…74

7-6 期間の定めのある契約〔有期労働契約〕…75

7-7 契約期間の上限…76

7-8 有期契約の更新…77

7-9 雇い止め…77

7-10 採用内定と取消…78

8. 労働関係の終了

8-1 労働関係の終了…79

8-2 合意解約…79

8-3 辞職（退職）…80

8-4 当事者の消滅…80

■企業再編…81

8-5 有期契約における期間の満了…81

8-6 契約更新と終了〔無期転換申込権〕…82

■無期転換ルールの特例…83

■クーリング期間…83

8-7 定年制…84

8-8 退職勧奨…85

8-9 変更解約告知…85

8-10 離職理由…86

8-11 退職時の証明等…87

9. 解雇

9-1 解雇…88

9-2 解雇権…89

■解雇制限期間…89

■解雇制限期間と有期契約…89

■有期契約と解雇…89

9-3 解雇予告（解雇の手続）…90

9-4 解雇予告の適用除外…91

9-5 解雇予告と休業命令…91

9-6 整理解雇…92

10. 労働時間規制の体系

10-1 労働時間規制の体系…93

10-2 労働時間・休日…94

10-3 労働時間とは…95

10-4 休憩時間とは…96

10-5 所定労働時間と法定労働時間…97

10-6 時間外労働・休日労働の手続…98

10-7 法定労働時間…99

10-8 時間外労働の上限規制…100

　　　■労働時間の管理…100

10-9 休日とは…101

　　　■法定休日…101

10-10 時間外労働と休日の関係…102

11. 様々な労働時間法制

11-1 様々な労働時間法制…104

11-2 変形労働時間制…105

11-3 勤務予定表の作成…106

11-4 労働時間の上限規制…107

11-5 フレックスタイム制…110

11-6 事業場外みなし労働時間制…111

11-7 裁量労働制…112

11-8 高度プロフェッショナル人材（労基法41条の2）…113

11-9 時間管理から業績管理へ…114

12. 労基法の適用除外

12-1 労基法の適用除外…115

12-2 労基法第41条の適用除外者（41条該当者）…115

12-3 管理監督者…116

13. 年次有給休暇

13-1 年次有給休暇…117

13-2 年次有給休暇の付与日数…117

　　　■週30時間以上勤務する労働
　　　　者の年次有給休暇…118

　　　■継続勤務…119

　　　■所定労働日数が少ない労働者の年次有給休暇…119

　　　■年次有給休暇中の賃金…120

　　　■所定労働日数が変更された場合の取扱い…120

　　　■勤務時間が変更になった場合の取扱い…120

13-3 年次有給休暇の取得ルール…121

　　　■計画的付与…121

　　　■時間単位付与…121

　　　■退職日との関係…121

　　　■有休の買取り…122

14. 賃金

14-1 賃金…123

14-2 労基法上の賃金…124

14-3 賃金支払いの5原則…125

14-4 基本給と手当…128

■基本給等…128

■様々な手当…129

14-5 平均賃金…130

14-6 最低賃金…131

14-7 賃金の請求権…131

15. 割増賃金

15-1 割増賃金…132

15-2 割増率…132

15-3 時間外労働（所定外労働・法定外労働）…134

15-4 休日労働（所定休日労働・法定休日労働）…135

15-5 休日振替と代休…135

15-6 休日と割増賃金…136

15-7 割増賃金と手当…137

16. 就業規則

16-1 就業規則…139

16-2 就業規則の効力…140

■就業規則と労働条件の関係…140

16-3 就業規則の変更（労働契約との関係）…141

16-4 遅刻・早退・欠勤とペナルティ…141

16-5 懲戒の種類と程度…142

16-6 人事異動…143

■配置転換…143

16-7 出向…144

16-8 ハラスメント…145

■パワーハラスメント…145

■セクシャルハラスメント…145

■妊娠・出産等に関するハラスメント
（マタニティハラスメント）…146

16-9 ハラスメントへの対応…146

17. 情報管理

17-1 情報管理…147

17-2 競業避止義務（不正競争防止法）…148

18. 副業・兼業

18-1 副業・兼業…149

19. 労働・社会保険

19-1 労働・社会保険…151

19-2 労働者に適用される保険制度…151

19-3 労働・社会保険制度…153

19-4 労働者に適用される保険給付…154

20. 労災保険（労働者災害補償保険法）

20-1 労災保険（労働者災害補償保険法）…155

20-2 業務災害…156

- ■業務災害の認定…156
- ■業務上疾病の認定…156

20-3 通勤災害…157

- ■通勤災害の認定…157
- ■通勤災害における逸脱・中断…158

20-4 第三者行為災害…159

20-5 休業（補償）等給付…159

20-6 傷病（補償）等年金…160

21. 雇用保険

21-1 雇用保険…161

21-2 基本手当…162

21-3 再就職手当…163

21-4 雇用保険料…164

22. 産前産後休業・育児休業

22-1 産前産後休業・育児休業…165

23. 安全衛生

23-1 安全衛生…167

23-2 健康診断…168

- ■費用負担と労働時間…168

23-3 リスク回避…169

23-4 ルールの徹底…170

24. 労働組合

24-1 労働組合…171

24-2 組合活動…172

24-3 不当労働行為…172

24-4 労働協約…173

24-5 ショップ制…174

25. 紛争解決手続

25-1 紛争解決手続…175

25-2 労働委員会…175

25-3 個別労働紛争解決…176

26. 労働者派遣事業

26-1 労働者派遣事業…177

26-2 派遣禁止業務…178

26-3 マージン率…178

26-4 派遣と制限（直接雇用を促す規制）…179

26-5 派遣元・派遣先（労働法の適用範囲）…181

26-6 請負との違い（派遣と請負）…182

27. 職業紹介事業

27-1 職業紹介事業…183

■禁止されている職業…183

28. 労働への介入

28-1 労働への介入…184

29. 経営労務

29-1 経営労務…185

29-2 労働生産性・労働分配率…186

29-3 経営指標と人材の関係…187

29-4 モチベーション管理…188

30. 人事制度

30-1 人事制度…190

30-2 職能等級・役割等級制度…191

30-3 経営戦略としての労務管理（戦略人事）…192

30-4 労働力ポートフォリオ…193

30-5 多様な契約形態…194

31. 賃金制度

31-1 賃金制度…196

31-2 労働市場と給与…196

31-3 給与と能力（合理的差）…197

31-4 タイムパフォーマンス…198

31-5 職位と給与…199

31-6 労働時間と手当…200

31-7 固定残業代（みなし残業制）…200

31-8 年俸制度の運用…201

31-9 賞与・退職金…202

32. 評価制度

32-1 評価制度…203

■人事評価…203

■評価方法…203

■考課区分…204

■評価基準…204

32-2 考課エラー…205

32-3 360度評価…206

32-4 コンピテンシー評価…207

33. 目標管理制度・教育制度

33-1 目標管理制度・教育制度…208

33-2 PDCAサイクル…209

33-3 目標管理制度の構築・導入…210

33-4 目標管理制度の運用…211

34. 面接制度

34-1 面接制度…212

34-2 フィードバックの実務…213

35. 企業の社会的責任 (CSR)

35-1 企業の社会的責任（CSR）…214

35-2 ビジネスと人権…215

36. 労務監査

36-1 労務監査…218

■巻末資料

≪ハラスメント事案への対応フロー≫ **220**・≪配置・登用・調達（採用）・OP の実務≫≪作業分類：例≫≪業務難易度：例≫ **221**・≪評価区分と着眼点（例）≫ **222**・≪管理職の評価≫ **224**・≪労務監査≫ **225**

1.「労働」とは

1-1 「労働」とは

　労働とは、「心身を労して働くこと」をいいます。広い意味では家事（注1）や個人事業も労働となります。労働の本質は「労する（注2）」にあります。

　一方、「働く」とは、仕事をする、機能する、活動することをいいます。こちらは、ヒトだけでなく機械や車、ロボットも対象となり、労働力は生産性で語られます。

例）働く人、働く車、人が働く、ロボットが働く……

注1）家内労働　　注2）楽して働くことではありません。

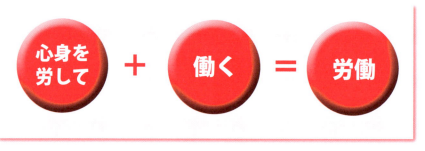

　就業人口の減少から労働力不足を補うために、人材の確保・定着は、質から量の確保へと変わり、更に役務から調達へと変わろうとしています。

　これからの労働は「ヒト」だからできることに着目していく必要があります（注）。

注）Society5.0：人間中心社会

1-2 労働を取り巻く環境 （ロボット vs ヒトの時代へ）

　ヒトから AI ロボットへ。AI ロボットが働く社会が到来しそうです。

　ロボットは、疲れ知らずで、文句を言いません。心が不調になることも、労働条件で会社（使用者）と揉めることもありません。

　ロボットがあらゆる場面に投入されるようになると、会社はヒトを雇う必要が無くなります。働く必要が無くなり、働く意味が薄れた時、国や人々はどうしたら良いのか。

　働かなくて良いなんてラッキーと捉えるのか、ロボット VS ヒトの時代がやってくると捉えるのか。働く人が少なくなると、税収は下がり、医療や年金など社会保険をはじめとするセーフティネットは維持できなくなります。年金なし、医療なし。収入や生活の保障もなし。もちろん安全保障もありません。

　このような社会で、人々は安心して生活することはできるのでしょうか。

　今、労働のあり方について、考える時が来ています（注）。

注）ELSI：Ethical, legal and Social Implications/Issues（倫理的・法的・社会的課題）

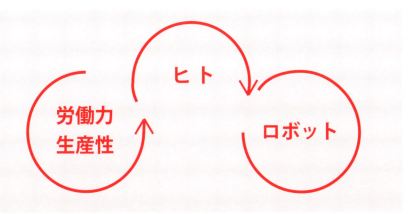

[Memo] ▶ AI 活用「5 原則」G7

　生成 AI など新技術の活用において、各国が合意した原則は次の 5 つです。①法の支配、②人権尊重、③適正な手続、④民主主義、⑤技術革新機会の活用。

1.「労働」とは

1-3 労働に必要な精神（可能性は無限大∞）

ロボットにできないことは、事業を生み出し、その事業を成長させること。

ヒトには、心（＝感情・気持ち（注））と無限の可能性があります。そして「チャレンジ・挑戦」、「リスペクト・献身」、「協調・協力」の精神があります。感情を理解すると、組織のもめ事は少なくなります。また、人はやる気になれば、何でもできます。創造する力で、不可能を可能にすることもできます。

注）心が不調になると色々と上手くいきません。辛くなったら仕事から離れることも必要でしょう。人々が安心して働きつづけるために必要なことは何か、この本では、法分野における労働を取り上げます。

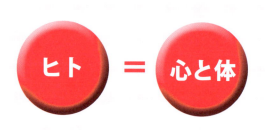

もし、自分にやりたい事があるのであれば、自分で事業をするのも方法でしょう。国は、チャレンジする起業家を支援する一方で、いざという時のためにセーフティネットを用意しています。税と社会保険料を財源に、国は人々が「働きがい」を持って「安心」して生活できるよう、様々な施策を講じています。

≪職業選択の自由≫

何人も、公共の福祉に反しない限り、居住、移転及び職業選択の自由を有する。	憲法第 22 条第 1 項（職業選択の自由）
何人も、公共の福祉に反しない限り、職業を自由に選択することができる。	職安法第 2 条（職業選択の自由）

1-4 働く目的

　働く目的は様々です。自分のため、家族のため、お金を得るため、生活のため、趣味のため、夢を実現するため……。生きていくために働く。「朝は希望をもって目覚め、昼は懸命に働き、夜は感謝とともに眠る」という言葉がありますが、社会の一員たる人は、自らや家族、世の中の人々が安心して生活できるよう、間接的には国のため、社会のために働くことになります。

　働く目的が明確になると、働き方が分かり、職業生活上、必要となる知識や技能が見えてきます。

[Memo] ▶「労働」という言葉の意味と背景

　単なる言葉遊びですが、労働（ロウドウ）に、朗らかに働く「朗働」と嫌々働く「牢働」があるとすれば、後者は苦役となり、時間（＝人生）の切り売りとなります。当然、仕事の成果も異なります。同じ「働く」のであれば、嫌々働くのではなく、前向きに明るく働きたいものです。

1.「労働」とは

1-5　労働の本質

　土地を購入し、改良し、水を引き、果実種を取得し、その種を土に埋め、育て、数年後、収穫するという一連の行為をひとりの人間が行う場合、成果物の享受と全ての行為に対する責任はその人に帰属します。

　成果物である果物が実っても実らなくても、行動の結果です。果実を手にすることができれば、全ての労力は報われますが、実らなければ成果物は無しです。これを失敗と捉えるかはその人次第ですが、全ての行為においては、多くの学びがあります。失敗したら、次は失敗しないよう工夫する。成功したら成功した理由を考え、更に良いものを作るために努力する。行為には責任が伴い、その先に結果や学びがあります。成果の享受は、志を持ち、行動・努力をしてこそ、自分に返ってくるものになります。これが「労働」です。

■事業（個）

　この一連の活動を「業として」行うものが「事業」です。「これは美味しい、美味しいからみんなにも食べてもらいたい。これはスゴイ技術だ、この技術を求めている人はたくさんいるハズだ。今までこんなものは無かった。これは売れるぞ。」と気づき、考え、自給自足から社会のために一歩を踏み出し、事業を始めた人が「事業主」ということになります。

　言い換えれば、事業とは、消費があるからできること、成り立つもの、資本や労働があるからできるもの、社会から求められているからできること、ということになります。よって、事業には、責務（国や社会、環境、株主や労働者、消費者に対する責務）が付帯することになります。

■組織

　このような事業を複数名で力を合わせて行う場合は、どうしたらよいのか。事業を始めるときの心は一つ、目的が明確ですから、参画する者がサボるなんてことはありません。役務に対する貢献の成果として、成果物は分配されることになります。

　法人（会社）として行う場合は、それぞれの役割と責任を明確にし、対価となる報酬額を決めます。一枚岩となること、これが「組織」です。

■**雇用** ◇◇◇◇◇◇◇◇◇◇◇◇◇◇◇◇◇◇◇◇◇◇◇◇◇◇◇◇◇◇◇◇◇

　では、この事業に途中から加わる人は、どの様な役割や貢献になるでしょうか。その関わり方は、会社の事業内容、役務と対価を事前に把握し、既にある会社の方針やビジョンを理解し、会社のルールに従うこと（一枚岩となること）を約束した上で、事業に関わることになります。これが「雇用」です。役務と対価の事前提示が「労働条件」になり、約束が「労働契約」（注）、ルールが「就業規則」などの規定や規則になります。

注）労働法では「役務」は労働力（労働時間等）、「対価」は賃金、ルールを決める人を「使用者」、そのルールに従うことを約して、雇い入れられた人を「労働者」といいます。

> [Memo] ▶**雇用関係も「郷に入れば郷に従え」**
>
> 　雇用関係にある労働は「権利には義務が伴うもの、郷に入っては郷に従う」、利益衡量を前提とした会社のルールに労働者は従うことになります。そのため、「従うことはできない」、「そもそもルールがおかしい」、「他のやり方を認めろ」など、文句ばかりいい、義務や責任を負わないのは、雇用関係にあるものとはいえません。日本にいる場合は、日本の法律（内国法）が適用されるのと同じです。よって、「それができなければ去る」が基本になります。これが雇用関係における労働です。「全て自分の思うとおりにしたい」というのであれば、自分で事業を起こす。これからの労働には、そんな視点も必要になります。

1-6　労働の価値（動機づけ）

　雇用には、動機があり、労働（役務）に相応する対価の享受があります。対価は価値のあるものでなければなりません。同等の価値（利益）があれば、有形無形を問わず、当事者間に受け入れられることになります。
　物々交換の時代や貨幣に信用のない時代、職人の世界で丁稚奉公が慣習としてあった時代においては、現物給付、衣食住の提供、ノウハウや技能、学びや暖簾分け（のれんわけ）も、当事者にとって価値があれば労働の対価となり、動機付けとなっていました。これは現代社会においても普遍のもの（原理）となっています。
　一方で、実社会では役務が無価値なものと交換されている実態もあります。

23

1.「労働」とは

| 労働者【役務】 | … | 同等の価値 | … | 使用者【賃金】 |

労働搾取です。どんな時代にも取引には、優位性に立った取引というものがあります。相手の知らないことが取引の材料になり、無価値なものに交換されたりします。特に社会経験の少ない人（学生等）は、労働搾取については知っておく必要があります。

労働者と使用者には、経済的立場に大きな違いがあることから、これを均衡させる目的で制定されたものが、いわゆる労働者を保護する法律とされる「労働基準法（労基法）」になります。

1-7 労働の搾取

労働を学ぶ上で、知っておかなければならないのが労働の搾取です。労働の搾取には、主に2つあります。身体や精神の自由を拘束した上で労働を強制する直接的搾取とブローカーなどによるピンハネ・中抜きなど、斡旋事業者によって行われる間接的搾取です。いずれも人身売買の温床になることから、これらの行為は法律で禁止されています。

何人も、次条（注）に規定する場合を除くほか、労働者供給事業を行い、又はその労働者供給事業を行う者から供給される労働者を自らの指揮命令の下に労働させてはならない。	職安法第44条（労働者供給事業の禁止）

注）職安法第45条「労働組合等が、労働大臣の許可を受けた場合は、無料の労働者供給事業を行うことができる」

24

何人も、法律に基いて許される場合の外、業として他人の就業に介入して利益を得てはならない。	労基法第6条（中間搾取の排除）
この条文で謳う法律とは、職業安定法になります。本条に派遣法は含まれません。「業として」とは、営利目的の反復継続の意思をもって行われたものをいいます。 ◆法律に基づいて許されるもの（職業紹介） 　求人者及び求職者の間に立ち、雇用関係の成立を斡旋することを業として行うことを職業紹介といいます。 ◆派遣事業 　使用者が雇用する労働者を契約先に送り込み、その契約先の労働に従事させることを業として行うことを派遣といいます。	
1年以下の懲役又は50万円以下の罰金	労基法第118条（罰則）

≪労働者供給≫　禁止　※許可労組を除く

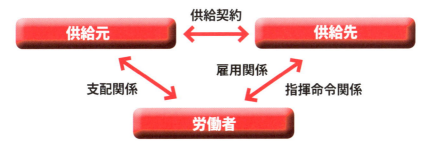

[Memo]　▶職業紹介事業や派遣事業にまつわるグレーな部分

　実社会には、職の口利き、労働者供給事業まがいの職業紹介、違法派遣、二重派遣、偽装請負などがあります。派遣や紹介については、許可を受けていれば問題ないという訳ではありません。斡旋は実態判断となります。職に関することは、他人に依存しない、労働ブローカーには関わらない、悪質な事業者は、利用しない、介入させないことが大切です。

1.「労働」とは

1-8 労働搾取の実態

　労働搾取には、高報酬の仕事があると騙し、逃亡しないよう免許証やパスポートなどの証明書を取り上げ、収容施設等に住まわせた上で強制的に働かせるもの、素行不良な未成年者や児童を連れ去り（或いは社会正義を装い匿い）、軟・監禁し、マインドコントロールをした上で働かせるものがあります。それぞれ、対価のあるものと無いもの（対価の無い労働を無償労働・無給労働という）があります。また、借金を作らせた上で仕事を紹介し、その返済のために働かせ、また借金をさせるといった債務労働や労働者を他人の支配下に置いた上で行われる中間搾取（注）があります。

　悪質なものでは、飲酒等で酩酊状態にさせた上で契約させたり、支配下におくために薬物投与されたりするケース（暴行・脅迫・監禁その他精神又は身体の自由を不当に拘束する手段も含まれます）もあります。

注）中間搾取とは、他人の労働力（労働者）を供給する見返りに報酬を得ることで、簡単に言えば「ピンハネや中抜き」のことです。

　労働の搾取を防ぐには学び、これを行う者に関わらない、ということが大切になります。

使用者は、暴行、脅迫、監禁その他精神又は身体の自由を不当に拘束する手段によって、労働者の意思に反して労働を強制してはならない。 この条文でいう「精神又は身体の自由を不当に拘束する手段」には、長期に及ぶ労働契約（14条）や賠償額を予定する契約（16条）、前借金相殺契約（17条）、強制貯金（18条）などがあります。	労基法第5条 （強制労働の禁止）
1年以上10年以下の懲役又は20万円以上300万円以下の罰金	労基法第117条 （罰則）
使用者は、労働契約の不履行について違約金を定め、又は損害賠償額を予定する契約をしてはならない。	労基法第16条 （賠償予定の禁止）
使用者は、前借金その他労働することを条件とする前貸の債権と賃金を相殺してはならない。	労基法第17条 （前借金相殺の禁止）
※これらの条文は、労働者が借金や違約金のために、辞めたくても辞められなくなるのを防止するための条文となります。「逃げたら〇万円」、「〇〇金を支払わなかったら〇万円」、「直取引したら〇万円」、「〇〇はペナルティとして〇万円」、「〇ヵ月以内に退職したら〇万円」等	

1-9 特定商取引と労働

「1日10分の簡単な作業で1日1万円が入ってくる！用意するのはスマホだけ！」など、求人広告や副業に関するトラブルが増えています。業務を遂行するために、或いは仕事を発注して貰うために、金銭を負担させる取引があります。特定の負担をすることで商品等の販売資格が与えられるものがあります。これを「業務提供誘引販売取引」といいます。モニター商法、ネットワーク・ビジネスなどのマルチ商法も、基本この取引にあたります。

商品の販売・流通を目的に「仕事を提供するので収入が得られる」として誘い（注）、仕事に必要であるとして、商品を購入させたり、サービスを利用させたりして、金銭負担をさせます。業務提供誘引販売取引では、金銭の負担が取引条件の一つとなります。取引条件には、マニュアル代やサポート費用、コンサルティング料、会費等の支払い、モニターとして商品を購入すること、会員（有料）になることなどがあります。

注）求人という形で募集しているケースもあります。

① 訪問販売	商品の販売や権利の販売、役務の提供を行う契約を自宅等に訪問して行う取引	特定商取引法
② 通信販売	新聞や雑誌、ネット上に広告を出し、申し込みを受ける取引	
③ 電話勧誘販売	電話勧誘等により申込みを受ける取引	
④ 連鎖販売取引	商品の販売や権利の販売を行う個人を販売員として勧誘し、更にその販売員が次の販売員の勧誘をさせるなど、販売組織を連鎖的に拡大して行う取引	
⑤ 特定継続的役務提供	長期継続的サービス提供を行う特定役務について、高額の対価を約する取引	
⑥ 業務提供誘引販売取引	仕事を提供するという口実で誘引し、仕事に必要であるとする商品等を販売し金銭負担を負わせる取引	
⑦ 訪問購入	自宅等へ訪問し、物品の購入を行う取引	

1.「労働」とは

　契約上は事業者として扱われることになりますが、業務や事業の内容によっては、法律に抵触する可能性があるため、取引にあたっては注意が必要です。

　前頁の取引には、特定商取引法が適用されます。

　一方、金銭の配当を目的とする組織に、自らがメンバー（会員）となり、会員外の人を2人以上紹介し、紹介された人が新たな会員になると、自らが払った金銭以上の報酬が入るといった仕組みがあります。派手な生活や羽振りの良さを演出し、メンバーを新たに勧誘すれば「この様になれる」などと吹聴して、誘うなどの手口があります。仕組みによっては、自らが加害者となることがあります。「無限連鎖講取引」（いわゆる「ねずみ講」）がこれにあたります。ねずみ講は、鼠算式に紹介を繰り返す取引をいい、これはビジネスとして成り立たないことから法律で全面的に禁止されています。

◆**無限連鎖講取引（ねずみ講）がビジネスとして成り立たない理由**
　→ **50人の紹介を5回繰り返すと日本の人口の2.5倍になる**
　　 50 × 50 × 50 × 50 × 50 ＝ 312,500,000

1-10 労働実態

　労働には一見、区別がつかないような働き方があります。兼業や副業を含めて、個人事業主なのか、被雇用者（労働者）なのか、請負や委託、雇用など、契約形態や報酬の支払い形態だけでは分かりづらい働き方があります。

※→ 194ページ

　求人募集であっても雇用契約ではない場合があります。また、当事者が個人事業主やフリーランスの認識であっても、ケースによっては時間で報酬が支払われ、事業者の指示を受けて業務を遂行するなど、労働者とも取れるような働き方をする人がいます。

　これらは、契約書での判断ではなく、全て実態（労働実態）での判断となります。

[Memo]

▶ 求人や転職に"おいしい話"はない

労働に「おいしい話」はありません。労働は「コツコツと誠実に」が基本で、「誰でも簡単に」・「楽して金儲け」や「おいしいところ取り」はあり得ません。求人募集や転職も同様です。報酬を多く求めれば、成果はより多く求められます。仕事を探すのにあたって「ローリスク・ハイリターン」はありません。

労働者性があれば、労働基準法や労働者災害補償保険法が適用されます。また、勤務する時間数に応じて社会保険（雇用保険、健康保険・厚生年金保険）へ加入する義務があります。

1-11 勤労と国家

労働の原点は「勤労」です。また、労働は信頼関係の上に成り立つ献身の精神が必要になります。会社に勤める上では、ルールに従い、規律をもって働く必要があります。

また、組織やチームで動くのなら、積極性や協調性が求められます。当然、会社からお金（サラリー）を貰っている以上は、自分の好き勝手にはできず、辛抱や我慢も時には必要になります。

労働は、個々で見れば、働く自由、働かない自由はあるものの、広く見れば、法の下に勤労があり、義務があります（注）。社会についても、働く人（納税者）がいなければ国は存続しません。そのため、国にとっても労働政策は大変重要です。

もっとも、国が安定しなければ国民生活の安定はなく、国が発展しなければ、国民生活の向上はありません。つまり、国民と国は一体ということになります。他責思考で、国からお金を取

1.「労働」とは

ることばかり考えている人、働かない人、努力を怠る人ばかりだと社会はどうなるでしょうか。つまり、国家の礎は「勤労」にあり、国力は「国民の勤勉さ」に表れるということになります。

注) 他方で国民の自由と権利は、国家権力を制限することによって守られるといった側面もあります。

◆ 国民一人ひとりの働きが社会をつくります

- 国民一人ひとりが豊かさを実感して暮らしていくためには、社会経済の長期的安定が必要です。
- 社会経済の長期的安定の実現には「経済安全保障」が必要になります。

◆ 他責思考に基づく権利（利益）の強要は社会の分断を生みます

- 個人の尊重や社会生活上の権利は法的に保護されますが、保護や尊重が強要に変わると社会の分断を生みます。
- 社会生活上の権利に利害がある場合は利益較量の上、利益衡量と利害調整が求められます。

◆ 経済的自由権には職業選択の自由、営業の自由があります

- 個と組織には経済活動の自由があり、経済的自由権には、職業選択の自由、営業の自由があります。
- 自由に対する制約は、公共の福祉との関係においては規制の必要と範囲、合理性から判断されます。

◆ 企業経営には組織統制のための裁量権があります

- 企業経営には「全体主義」が求められます。
- 組織風土に合わない場合は「辞める・起業する・転職する」が基本になります。

2. 労働法の位置づけ

2-1 労働法の位置づけ

労働は一般に「心身を労して働くこと」、勤労は「仕事に勤め、励むこと」をいいますが、憲法は、労働を国民の生存権に基づき、「勤労」を権利及び義務と位置づけ、これを明示しています。国家と国民の関係を規律付ける公法は、支配服従の関係を定めて、公益の実現をめざすものになります。

他方で、法分野としての労働は市民相互の関係を規律付ける私法の枠組みにも属することになります。

そのため、労働法は、私法と公法の中間的な性格をもつ社会法ともいわれています。

2-2 社会との整合

法としての労働は、普遍性を保ちつつ、社会関係に整合していく性格を持ちます。また、労働法は労働関係に内在する実体法・手続法の双方にわたる法規制を用い、社会全体を形成させるものになります。

そのため、労働市場（需要供給）や雇用システムが変われば、労使関係は新たな規整（補強・補正）が生まれ、実態と共に労働法は整合していくことになります。

法は、未来へ共有される普遍性（精神）を保持し、状況や環境の変化によって整合していきます。

経済活動の自由化で規制は緩和されます。一方、社会問題化すると、規制は強化されます。この規制と緩和は繰り返され、法の持つ普遍性の下、実態と共に整合していきます。

2. 労働法の位置づけ

2-3 私権における法律関係（権利・義務）

　私たちの生活上の利益を「権利」といい、法律要件を充足すると法律効果（権利義務）が発生することになります。私権における法律関係は、権利と義務の関係に集約されます。労働者及び使用者は、権利を取得し、義務を負う（権利には義務が伴う）ことになります（注）。

注）労働義務については、あくまでも義務であって就労を請求する権利はありません。

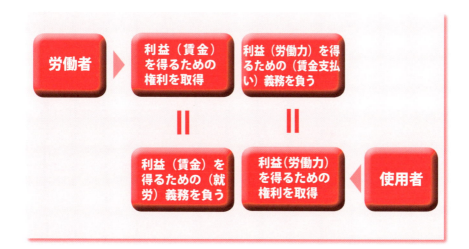

2-4 労働法と憲法との関係

「日本国憲法で謳われる国民の権利及び義務。国は国民を守り、国民は責務として働く。」

国家は、日本国憲法で国民に働く義務を定める一方で、労働を生存権的基本権と位置づけ、労働者の健康で文化的な生活を実質的に保障しています。

これにより、日本国民には、国の様々な補償や保険制度、年金制度が適用されることになります。※→ 151 ページ

憲法 27 条 2 項を具体化した法律が、労働基準法です。また、憲法 28 条によって保障された権利（労働三権）は、労働組合法によって、その実効性が担保されることになります。

私法における権利（義務）には義務（権利）が伴いますが、憲法に規定される義務としての勤労は、処罰のない倫理的な規定となっています。また、権利といっても、就労の機会を国に対して請求できるような具体的な権利はなく、国も国民に対し、労働の機会を確保するために必要な措置を取るといった宣言的な規定の範囲に留まっています。

2. 労働法の位置づけ

日本国憲法 第25条1項	労働基準法 第1条
健康で文化的な最低限度の生活	人たるに値する生活

　労働基準法第1条に規定される労働条件の原則「労働条件は人たるに値する生活を営むための必要を充たすべきものでなければならない」も宣言的な規定になります(注)。

(注) 労基法第1条に罰則はありません。

	日本国憲法 第3章 国民の権利及び義務
憲法 第25条1項	すべて国民は、健康で文化的な最低限度の生活を営む権利を有する。
憲法 第25条2項	国は、すべての生活部面について、社会福祉、社会保障及び公衆衛生の向上及び増進に努めなければならない。
憲法 第27条1項	すべて国民は、勤労の権利を有し、義務を負う。
憲法 第27条2項	賃金、就業時間、休息その他の勤労条件に関する基準は、法律でこれを定める。
憲法 第27条3項	児童は、これを酷使してはならない。
憲法 第28条	勤労者の団結する権利及び団体交渉その他の団体行動をする権利は、これを保障する。

日本国憲法第 27 条 2 項 賃金、就業時間、休息その他の勤労条件に関する基準は、法律でこれを定める	日本国憲法第 28 条 勤労者の団結する権利及び団体交渉その他の団体行動をする権利は、これを保障する
労働基準法	労働組合法

権利の行使には、その一方で権利濫用の抑止があり、日本国憲法は、権利の濫用について言及しています。私法（民法・労働契約法）にも、権利の濫用に関する規定があります。

労働者及び使用者は、労働契約に基づく権利の行使に当たっては、それを濫用することがあってはならない。	労働契約法第 3 条 5 項（労働契約の原則）
権利濫用となる場合は、権利の行使が妥当でないと判断される場合（注）です。 注）権利行使の範囲を大きく逸脱するような場合、権利者の一方的な意思表示により法律関係を変動させる場合など	

【Memo】

勤労感謝の日 （11 月 23 日）	勤労をたっとび（尊び）、生産を祝い、国民たがい（互い）に感謝しあう日

2-5 社会保障（社会保険）

日本では国民全員が安心して生活できるよう国民皆保険制度・国民皆年金制度が取られ、社会保険が充実していますが、この社会保険には、広い意味と狭い意味があり場面ごとで使い分けられています。

広い意味の社会保険は、医療保険や年金など社会保障に近い意味で使われ、狭い意味の社会保険は、会社員に適用される健康保険・介護保険、厚生年金保険を一括りにして使われています（労働保険を含めて社会保険という場合もあります）。尚、名称に「保険」と入っているものは、基本、保険制度で運用されています。※→ 151 ページ

2. 労働法の位置づけ

≪広義の社会保険・狭義の社会保険≫

社会保険（広義）				
			労働者 （会社員）	使用者 （社長）	個人業主 （フリーランス）
社会保険 （狭義）	医療保険	健康保険 （業務外の傷病、休業等）	健康保険 （業務外の傷病、休業等）	国民健康保険
	年金	厚生年金保険 （老齢・障害・死亡）	厚生年金保険 （老齢・障害・死亡）	国民年金 （老齢・障害・死亡）
労働保険		労災保険 （業務上や通勤途上の傷病、休業等）	無し	無し （原則）
		雇用保険 （失業等）	無し	無し

2-6 労働法と民法との関係

特別法
（労基法など）

一般法
（民法）

　労働関係における民法は、私的所有権の保障、契約の自由、過失責任主義を基本原理とし、契約を民法では「雇傭（こよう）」としています。この個別労使関係の根幹に位置付けられる契約は、労働法上の修正原理や規定がない限りにおいては、契約法（民法）の原理（契約の自由、信義則、公序）と法規定に基づくことに

36

なります。

　見方を変えれば、労働法は、民事法・刑事法・行政法の法体系を基礎にした法規整で、個別労使関係法の基本法たる「労働基準法」を、一般法たる民法より優先される特別法と位置づけ、雇用をより実体に合わせたものにしています。

　労働実務の分野では、特別な法律（特別法）がない限りは、一般的な法律（一般法）が適用されることになります。労働法を学ぶ上では、立法の背景と法学の普遍性を理解し、その解釈においては関連法分野との整合を常に考える必要があります。

2-7　労働に関する法律（労働関係法）

　労働法には、以下のような法律があります。代表する法律は、「労働基準法」です。労基法は、労働者を保護する法律として、労働条件の最低基準を罰則付きで定めています。「労働基準」に関する実務では、民事法、刑事法、行政法に跨（またが）る実務となります。労働基準法は、民法の契約関係の基本原則に対し、強行的直律的基準を定め、その実効性の確保から行政手続を必要とさせ、この違反に対する刑罰を規定したものになります。

労働三法	雇用に関する法律	安全衛生に関する法律	賃金に関する法律	労働保険・社会保険に関する法律	労働力に関する法律
・労働基準法 ・労働組合法 ・労働関係調整法	・労働契約法 ・労働契約承継法 ・育児介護休業法 ・パートタイム・有期雇用労働法 ・男女雇用機会均等法 ・高年齢者雇用安定法 ・障害者雇用促進法等	・労働安全衛生法 ・じん肺法等	・最低賃金法 ・賃金の支払いの確保に関する法律等	・労災保険法 ・雇用保険法 ・徴収法 ・健康保険法 ・介護保険法 ・厚生年金保険法等	・雇用対策法 ・職業安定法 ・労働者派遣法 ・職業能力開発促進法等

37

2. 労働法の位置づけ

2-8 労働三法 （労基法・労組法・調整法）

　労働基準法は、労働者を保護する法律として、昭和22年に制定され、個別労使関係として労働条件の最低基準を定めています。

　他方で、集団的（＝団体的）労使関係に位置付けられる法律が、労働組合法と労働関係調整法です。労働組合法は、労使交渉において労使対等の立場、地位向上、交渉に伴う労働者の保護を謳っています。労働関係調整法は、労働争議の予防と解決に関する法律になります。

　労働基準法、労働組合法、労働関係調整法、この3つの法律を労働三法といい、円滑な労使関係を構築することを目的として制定されています。

◆個別労使関係（使用者と労働者）
◆集団的労使関係（使用者と労働組合） → 労働法で規制　判例法理で規制

◆個別労使関係
・労働基準法（注1）

◆集団的労使関係
・労働組合法（注2）
・労働関係調整法（注3）

労働三法 → ≪制定の目的≫ 円滑な労使関係を構築すること

内国法の適用：外国企業・外国人労働者

注1）労働条件等、最低限度を定めた労働者保護法としての位置づけ
注2）労使交渉において労使対等の立場、地位向上、交渉に伴う労働者の保護を謳う
注3）労使関係の公正な調整と労働争議の予防、解決に関する法律

■ 38

3. 労働法3分類

3-1 労働法3分類

　労働法は大きく①労働市場、②個別的労働関係（個別労使関係）、③団体的労使関係（集団的労使関係）の3つの労働関係に分類されます。

　労働市場（①）は労働力の需給、個別的労使関係（②）は労働契約、団体的労使関係（③）は団体交渉に集約されます。

　労使関係には、個別労使関係（使用者と労働者）と集団的労使関係（使用者と労働組合）があり、労使関係は、労働法及び判例法理で規制されることになります。

不特定多数の労働者（求職者）と使用者（求人）間の労働力需給調整の仕組み	個々の労働者と使用者との間の労働契約の締結・終了をめぐる関係	労働組合の結成、運営及び使用者との団体交渉を中心とした関係
労働市場	**個別的労使関係**	**団体的労使関係**

3-2 労働市場 （需要と供給）

　労働市場とは、不特定多数の労働者と使用者間の労働力の需給調整の仕組みのことで、求職者と求人企業の需給バランスをさします。

　この労働力需給調整の仕組みは、主に職業安定法に規定され、大きくは行政サービスと民間サービスに分類されます。

　行政サービスは、失業者に対する給付や雇用の安定・就業促進のための職業

3. 労働法3分類

行政サービス	民間サービス
・失業等給付 ・育児休業給付 ・雇用2事業等	・職業紹介事業 ・労働者派遣事業等

訓練、雇用関連の助成金支給などの雇用保険の事業になります。民間サービスは、職業紹介事業や労働者派遣事業です。

　そのため、労働法で分類される労働市場は、行政法の一分野を担うものとして考える事ができます。

3-3 行政サービス（雇用保険の事業）

　行政サービスである雇用保険の事業は、給付関連の事業と雇用安定事業並びに能力開発事業を行う2事業からなります。

　国は、労働者の生活及び雇用の安定と就職の促進のために、失業した人や教育訓練を受ける人に対して、失業等給付を支給し（注）、雇用保険2事業では、失業の予防、雇用状態の是正及び雇用機会の増大、労働者の能力の開発及び向上その他労働者の福祉の増進等を図るための事業を行っています。

注）「失業等」の「等」にあたるものが、「就職促進給付」、「教育訓練給付」、「雇用継続給付」です。

　給付関連事業には、主に「失業等給付」と「育児休業給付」があり、失業に伴う給付には、求職者給付として「基本手当」と「高年齢求職者給付金」があります。

■ 40

≪**主な事業**≫

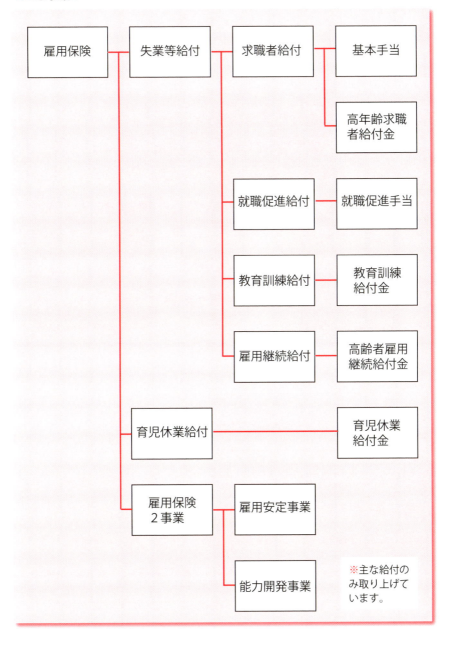

3. 労働法3分類

3-4 民間サービス（派遣・紹介）

　民間サービスには、職業紹介事業と労働者派遣事業があります。職業紹介事業は、求職者・求人者の間に立ち、そのマッチングで報酬を得る事業になり、労働者派遣事業は、派遣元事業主が自己の雇用する労働者を、派遣先の指揮命令を受けて、派遣先のために労働に従事させる事業になります。

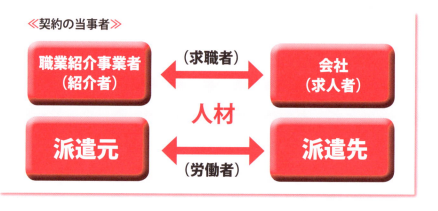

　職業紹介事業者の手数料は、会社（求人者）が支払います（注）。
　手数料は、労働条件（労働者に支払われる予定賃金額）から算出されます。
（注）日本では求職者が報酬を支払うケースは殆どありません。

[Memo] ▶ 紹介業や派遣業の"落とし穴"

　紹介や派遣は、「ヒト」が商材であることから、職業紹介は人が動けば動くほど、派遣は労働者が働けば働くほど、その事業は儲かることになります。これらの事業は、他人の就業に関して利益を得る中間的事業であるため、事業者が労働力をより多く提供するようになると、労働力は質から量へ、より安価な労働力へ、労働条件は下がっていくことになります。派遣労働等は、多様な働き方を求める労働者、経済界からの要請、公的サービスの民営化によって広がりましたが、期待するほどスキルの向上には繋がらず、現在は経済成長を阻む要因の一つとして見られるようになっています。

42

3-5 個別労使関係（労働契約の締結及び終了）

　労働法で分類される個別労使関係は、主に個々の労働者と使用者との間の労働契約の締結及び終了をめぐる関係になります。この個別労使関係の根幹は民法の契約によるところとなります。

　契約とは、簡単に言えば約束のことで、民法では契約を対等なもの、契約の当事者を対等な者と位置づけ、契約は当事者の自由意思と自由合意に基づくもの（契約自由の原則）としています(注)。

注）契約は、合意によって成立します。そのため、原則、いつ、どこで誰と、どの様な内容で、どの様な方法で締結するかは自由になります。

　尚、個別労使関係は、労働者が使用者に対し労働力を提供して賃金を得る関係（使用者が労働者に対し賃金を提供して労働力を得る関係）にあります。これを労働関係、或いは労使関係といいます。そして、労使間のトラブルを防止するため、労働契約法において民事上のルールを定めています。契約にあたっては「対等の立場」で、労使で決めた事は守りましょうというのが労働契約になります。

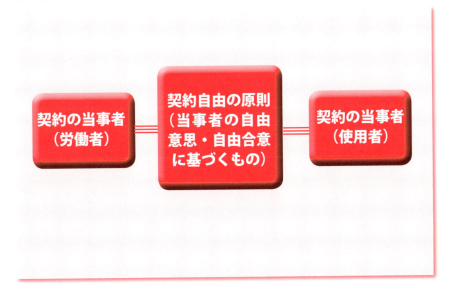

3. 労働法3分類

3-6 団体的労使関係（労働三権）

　団体的労使関係は、労働組合の結成及び運営並びに使用者との団体交渉になります。団体的労使関係成立の起源には、民法の個別契約関係だけでは解決が図れないことへの対応があります。

　団体的労使関係は、民事法・刑事法・行政法を基礎とした労働組合法を基本法としています。日本国憲法28条で定める労働三権は、団体的労使関係の団結権・団体交渉権・団体行動権（争議権）です。※→171ページ

団結権	勤労者（労働者）が労働組合を結成する権利
団体交渉権	勤労者（労働者）が使用者（会社）と団体交渉する権利
団体行動権（争議権）	勤労者（労働者）が要求実現のために団体で行動する権利

3-7 効力関係

　法令、個別労使関係の中心となる労働契約、会社が定める就業規則、団体的労使関係の労働協約の効力関係（力関係）は、次のようになります。労働契約より就業規則の方が、就業規則より労働協約の方が効力は強く、最も効力が強いのが法令になります。

※労働条件→ 59 ページ

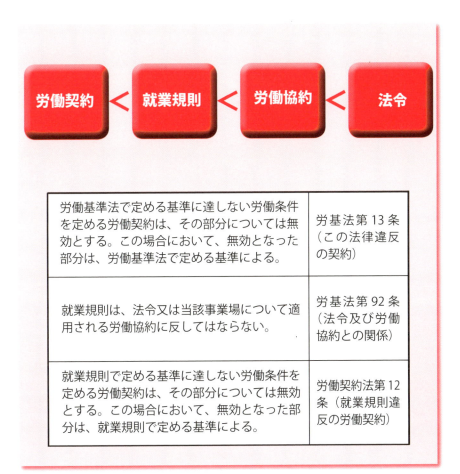

労働基準法で定める基準に達しない労働条件を定める労働契約は、その部分については無効とする。この場合において、無効となった部分は、労働基準法で定める基準による。	労基法第 13 条（この法律違反の契約）
就業規則は、法令又は当該事業場について適用される労働協約に反してはならない。	労基法第 92 条（法令及び労働協約との関係）
就業規則で定める基準に達しない労働条件を定める労働契約は、その部分については無効とする。この場合において、無効となった部分は、就業規則で定める基準による。	労働契約法第 12 条（就業規則違反の労働契約）

3. 労働法3分類

3-8 労働基準行政

　労働基準法をはじめとする労働法には数多くの罰則があります。法律の違反を取り締まるのが行政官庁になります。労働基準に関する行政は、厚生労働大臣の下に労働基準局、都道府県に労働局（47箇所）、全国の労働基準行政機関として、労働基準監督署が置かれています。労働基準監督署が警察署や税務署などと同じ「署」となっている理由は、官署が特別な役割を持つためです（労働基準監督官の司法警察権等（注））。

注）労働関係法違反の罪について捜査する権限

≪労働基準行政≫

厚生労働大臣
労働基準局
都道府県労働局
労働基準監督署

4. 労務管理（組織管理）

4-1 労務管理（組織管理）

使用者による労働者の組織的管理を労務管理といいます。

労務とは、会社における労働実務のことです。労務管理は、大きく雇用管理、賃金管理、時間管理、モチベーション管理があります（注）。

注）雇用管理には契約管理や要員計画、時間管理には休日管理が含まれます。

実践的な労務管理には、予防法務としての労務管理と経営戦略としての労務管理があります。前者は事業を存続させるための労務管理になり、後者は、事業を成長させるための労務管理になります。※→ 192 ページ

労務管理	
雇用管理	★契約管理・就業規則 規律と秩序の明確化、労働条件の決定を目的とする。雇用契約書、労働条件通知書、年俸通知書、就業規則・賃金規程・各種規則の整備等。
賃金管理 時間管理	★人事賃金制度・労務監査・BPR・OP 組織変革・組織強化、労働時間・賃金等、人事賃金制度に基因する法的リスクのマネジメントを目的とする。労働生産性の把握、現状調査・分析、経営課題の確認〜人事賃金・評価制度の立案構築・運用等。
モチベーション管理	★目標管理・人事評価・モラールサーベイ・ヒューマン・アセスメント 労働環境改善、労働生産性の向上を目的とする。目標管理制度（MBO）、360度評価、コンピテンシー、タイムパフォーマンス調査等。
教育・研修	★考課者訓練・管理職研修・ハラスメント研修・アセスメント研修 人的エラー（査定・評価のミス）の防止、適正評価、査定の公平さによる人材確保と定着、職場環境の整備を目的とする。服務規程、社是・社訓、ハンドブック等。
給与・手続	★労働社会保険等・給与計算等 給与・賞与計算、年末調整、労働社会保険諸法令に基づく各種手続、助成金申請等。労働基準法・安全衛生法関係、労災保険・雇用保険関係、厚生年金保険・健康保険等に関する諸手続、給与明細書及び給与明細一覧表の作成、賃金台帳、源泉徴収票及び源泉徴収簿、銀行伝送 FB データの作成等。

実践的 労務管理	予防法務としての労務管理	事業を継続させるための労務管理（人事労務）
	経営戦略としての労務管理	事業を成長させるための労務管理（戦略人事）

4. 労務管理（組織管理）

4-2 使用従属と労使協調

経営における人事労務の視点は、次の基本的事項に集約されます。

給与を支払うことは、「事業の継続」が前提となり、昇給や賞与の支給にあたっては、「事業の発展」が絶対的な条件となります。

個と組織の関係（労使の関係）を理解すると、紛争は予防できます。

労働者、使用者それぞれの立場（注）が分かると、雇用を守るために会社が利益を追求しなければならない理由や労働組合の活動意義というのが分かります。

注) 株主をはじめとする利害関係者（ステークホルダー）も含まれます。

近年の組織管理や団体的労使関係は、経済情勢の変化などを受け、対立から労使協調へと変化しています。

個：モチベーション管理
- 休みは多いほうがうれしい
- 給与は多いほうがうれしい

組織：人件費（コスト）管理
- 雇用の維持、給与の支払いは事業の継続が前提
- 昇給、賞与の支給は事業の発展が絶対的条件

	経営	労使協調の視点
収入	売上げを上げる	もっと売上げを上げる必要がある
支出	支出を減らす	もっと支出を削減する必要がある

4-3 個と組織の関係

　個と組織の関係（労使の関係）は、信頼関係の下にあります。労働者及び使用者には、信義則（信義誠実の原則）と権利の濫用を禁止する法理（注）が適用されます。

　信義則とは、信義に従い誠実に行うことをいい、権利濫用の禁止とは、程度をこえた権利の行使を禁止することをいいます。労使は、この信義誠実の原則と権利濫用禁止の法理に従うことになります。

注）法に内在する原理。労働分野では、解雇権や雇い止めがあります。

　労使の関係は使用従属の関係となり、労働者は、使用者の指揮命令を受け、労働力を提供し、使用者はその労働力を用い、事業を行います（注1）。

　そのため、経営には一定の責任が伴うことになります。この責任には、使用者としての責任（業務上の災害補償や労基法上の責任）だけでなく、企業の社会的責任（CSR）といったものもあります（注2）。※→214ページ

注1）事業を行うということは利益を上げること、そこには使用者の責務が発生することになります。
注2）国や社会、環境、株主や労働者、消費者に対する責務

4-4 労務管理の流れ（全体像）

　使用者は、事業を効率的に遂行するために組織を編成し、その中に労働者の役割を定め、配置し、労働者の意欲・能力・能率を高めて当該事業を遂行していきます。これが使用者の有する人事権（懲戒権や解雇権を含む）です。この使用者の持つ職権の範囲が権限になります。使用者権限には、責任と義務が内包されます。事業を円滑に進めるために、この人事権とともに必要になるのが「規律と秩序」です。次頁の図は、労務管理の流れです。

49

4. 労務管理（組織管理）

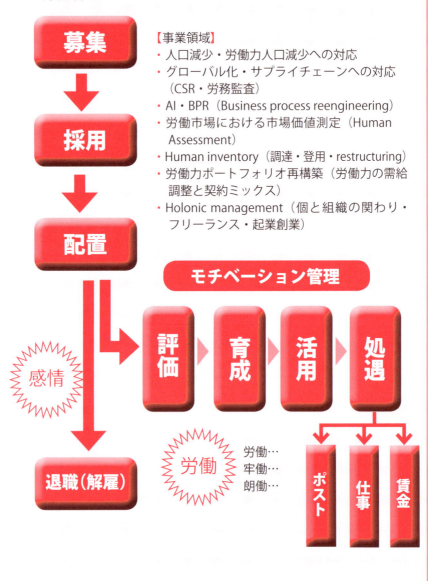

4-5 労働実務

　労働実務には、契約実務、制度設計の実務、権利行使の実務、給与額変更の実務などがあります。以下は、人事・法務の担当者がそれぞれの場面において把握しておくべき論点や着眼点になります。

　権利行使にあたっては、客観的に見て合理的な理由を欠き、社会通念上相当であると認められない場合は権利濫用となります。

◆**契約実務**
　☑組織と秩序（指揮命令と服務、就業規則）
　☑職務権限（職位別・権限と責任、目標面接、コミットメント）
◆**制度設計実務**
　☑賃金制度（既得権・不利益変更）
　☑人事制度（評価制度、役職任期制、定年制）
◆**権利行使の実務**
　☑人事権行使の許容（異動、昇降格・昇降給）
　☑懲戒権行使の許容（違反、訓告、出勤停止、減給制裁、降格降給、解雇）
◆**給与額変更実務**
　☑減額限界
　☑算定明示
　☑額交渉難航と期限（提示から合意まで）

■法定三帳簿 ◇◇◇◇◇◇◇◇◇◇◇◇◇◇◇◇◇◇◇◇◇◇◇◇◇◇◇◇◇◇

　労働基準法で作成義務、保管義務のある帳簿・台帳等には、労働者名簿や賃金台帳があります。次の①〜③の台帳等を、実務では法定三帳簿といいます。

≪労働基準法関連で保管義務のある帳簿・台帳等（保存期間：5 年 注）≫

①労働者名簿　（労働者を雇い入れた場合に労働者ごとに作成）

②賃金台帳　（正社員、パート、アルバイト等の区別なく、常時労働者を使用する場合に作成）

③出勤簿（タイムカード）

注）当面の間 3 年

4. 労務管理（組織管理）

4-6 組織管理

　実践的組織管理では、会社の組織図を作り、職位を設けた上で、指揮命令系統と職務上の権限（職権）を明確にします。職務の範囲と責任事項を明示し、業務遂行に必要な権限を与えます。また、職務（権限）規程で、権限を尊重させた上で、統率します（注）。

注）他の職位の職務権限を越えさせないよう（越権行為）についても取り締まります。

≪組織管理用語（例）≫

(1) 職位：管理組織上の地位をいう。

(2) 職務：各職位で遂行すべき割り当てられた業務及び役割をいう。

(3) 権限：各職位が、職務遂行にあたり与えられた職権の範囲をいう。

(4) 責任：各職位にあたるものが負う責務をいう。

(5) 命令：指揮系統に基づき部下に業務遂行を命ずることをいう。

(6) 決定：権限保有者が自己の責任において決定することをいう。

(7) 承認：下位職位の申請事項に対して同意を与えることをいう。

(8) 審査：一定の基準に照らし、起案・申請事項に対して調査・検討し判定することをいう。

(9) 起案：所管業務に関し、文書などにより上位職位の決裁を求めることをいう。

(10) 申請：上位職位に業務遂行の許可を申し出ることをいう。

(11) 報告：業務遂行の経過及び結果について上位職位に報知することをいう。

(12) 勧告：決定・命令の権限のある職位に対して、専門的・技術的立場より業務遂行について勧告することをいう。

(13) 助言：決定・命令の権限のある職位に対して、専門的・技術的立場より進言することをいう。

4-7 使用者権限

　労働者の義務には働く義務（労働義務）があり、使用者はその労務を指揮し、命令する権限を持ちます。使用者の権限には、労務指揮権、業務命令権、人事権があります。

　人事権には、採用、配置、異動、人事考課、昇進、昇格、休職、解雇における権限（決定権）があります。下図は、権利と義務を表した図です。

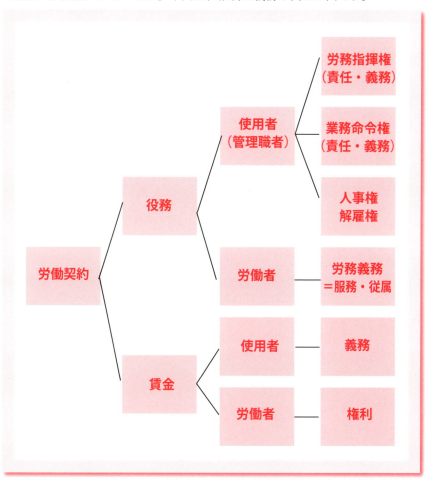

4. 労務管理（組織管理）

4-8 予防法務としての労務管理

　予防法務としての労務管理は、職場秩序の維持が主な目的となります。良好な職場環境の維持と事業の円滑な運営に、職場の秩序維持は大変重要です。

　労働者は、労働契約を締結して、会社に雇用されることによって、使用者に対し労務提供義務を負い、付随して職場秩序の遵守義務を負うことになります。この職場の秩序を明示したものが服務規律です。服務規律は、就業規則や服務規程に記載します。

　労働者に服務に関する違反行為があった場合は、使用者は、その内容・態様・程度を明らかにして、乱された職場秩序の回復に必要な業務上の指示・命令を発し、又は違反者に対し、制裁として懲戒処分を行うため事実関係を調査することができます。※→142ページ

労働者の義務		使用者の権利・権限
職場秩序の遵守義務		懲戒権（解雇権含む）

[Memo] ▶ 小さな"不正"や"違反"が大きな事故に

　職場には、少しの出来心から生まれる不正行為（注1）やルール無視などの違反行為（注2）、目が届かないことによって発生する業務上横領などがあります。度重なる遅刻や欠勤も、放置し続けられれば、組織全体に広がり、ルール無視等が原因で大きな事故（労災事故）に繋がることもあります。いずれも放置（懲戒権放棄）が事態を大きくさせます。組織管理に求められるのは、職場秩序の維持と個々のモラル（倫理・道徳）です。

注1）交通費の不正請求、家族手当の不正受給など
注2）決められた場所に置かない、決められた手順を踏まないなど

4-9 集団的利益（労使共通の視点）

　労使の関係は、契約上は権利及び義務の相反関係の側面がありますが、事業の継続と発展においては、協働関係に立つことになります。

　これが経営戦略としての実践的労務管理（人事労務）です。※→47ページ

　雇用の安定、労働条件の向上には、労使協調による集団的利益追従のための組織的機能の形成が必要です。

　労務問題や労働紛争の解決には、協働関係に立った事業の継続と発展のための集団的利益の衡量（こうりょう）と調整が求められます。

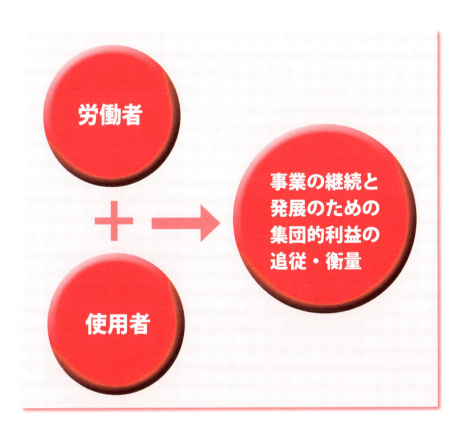

5. 個別労働関係

5-1 個別労働関係

　民法は、雇傭（雇用）という広い枠組みの中の契約として、権利と義務の相関関係のもと、労使を対等なものとして、それぞれを拘束します。

　しかしながら、経済的立場から見た「労使関係」においては、労働者が使用者に対し、対等な立場になるかというと、そうはならない場合があります。

　そのため、労働基準法で労働者を保護し、一方で使用者に対し罰則規定を適用することで、その立場を均衡させることにしています。

　つまり、労使間のトラブルを防止するべく、民事上のルールを労働契約法で定め、労働基準法に基づき、同法の違反があった場合に、労働基準監督署が是正・監督・指導を行うことになります。

　労基法に関する部分は行政官庁（労働基準監督署）が、解雇の有効性など民事に関する部分は、司法で解決を図ることになります。

　尚、労基法の罰則には、罰金と懲役があります（労基法第117条〜121条）。

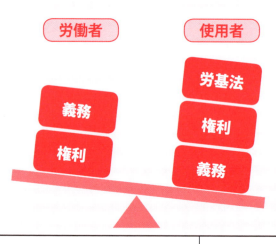

| 労働基準監督官は、この法律違反の罪について、刑事訴訟法に規定する司法警察官の職務を行う。 | 労基法第102条（労働基準監督官の権限） |

5-2 労働者及び使用者

　労働法でいう労働者は、事業所と雇用契約を結ぶ人です。よって、業務委託契約や請負契約の人は除かれます。労働法は、実態判断となります。つまり、契約書が委託契約書や請負契約書となっていたとしても、実態として使用従属の関係があり、労働時間で管理されていれば、請負や委託にはならず、労働法が適用されることになります（注1）。また、使用者も、実態で見ることになります。労基法は、労働者及び使用者を次のように定義しています。

職業の種類を問わず、事業又は事務所に使用される者で賃金を支払われる者	労基法第9条（定義）労働者
事業主又は事業の経営担当者その他のその事業の労働者に関する事項について、事業主のために行為をするすべての者	労基法第10条（定義）使用者

　労働者及び使用者は、役職（課長や部長などの職位）で区別されるものではなく、権限（注2）などの実態で判断されます。

　労働者であっても、部下を管理監督する立場にある者は、その部下から見れば使用者になります。また、そのような立場の者であっても、会社全体から見れば労働者になります。

　このように使用者と労働者は、単なる役職の呼称だけで決まるのではなく、その者が持つ権限や組織の実態（注3）から、その立場が決まるものになります。

注1）労働者性といいます。
注2）業務執行権、人事権、代表権、決裁権など
注3）使用者概念・労働者概念の拡大適用があります。

5. 個別労働関係

5-3 労基法における事業 (適用事業)

　労基法における事業は、場所単位、事業内容の独立性で見ることになります。
　本店の所在地が東京都で支店の所在地が神奈川県なら、別々の事業として取り扱われますが、同一の場所にあるものは原則、一個の事業となります。
　尚、場所が離れていても独立性のないものは、直近上位の事業と一括して取り扱われます。
　これらは労働基準法（労基法）及び労働者災害補償保険法（労災法）の事業の適用における考え方になります。

5-4 労働条件

　会社には、経済活動の自由がありますが、会社は、その権利の性質と矛盾しない部分は、自由に労働条件（募集条件）を決めることができます。

　使用者は、必要な労働力を時間で把握し、支払うことができる賃金額（労働条件）を決め、労働者は労働条件を見て、その会社で働くかどうかを決めます。

　そのため、労働条件は労使にとって最も重要な部分です。

労働協約	労働組合と使用者の間で取り交わした書面 ・労働組合と会社の間で結ばれる労働条件に関する協定
就業規則	常時10人以上労働者を使用する事業主が作成する会社の規則 ・労働者が守るべき規律や労働条件などについて使用者が定めた規則（ルール）
労働契約	労働者及び使用者の間で取り決めた合意 ・労働力の提供と賃金の支払い（労働条件）について、個々の労働者と会社（使用者）が結ぶ契約

使用者は、労働契約の締結に際し、労働者に対して賃金、労働時間その他の労働条件を明示しなければならない。	労基法第15条（労働条件の明示）

　労基法第2条は、「労働条件は、労働者と使用者が、対等の立場において決定すべきものである。労働者及び使用者は、労働協約、就業規則及び労働契約を遵守し、誠実に各々その義務を履行しなければならない。」としています。
※→ 43ページ

　尚、労働基準法第2条は、宣言的規定になります。よって、罰則はありません。

■労働条件の決定

　会社（使用者）が労働者を採用するときは、賃金・労働時間その他の労働条件を書面などで明示する必要があり、労使の合意は、明示された労働条件によるところとなります。

59

5. 個別労働関係

5-5 労働条件の明示

労働条件については、次の項目があり、その明示にあたっては、必ず明示する必要のある「絶対的明示事項」と、会社が定めをした場合に明示する「相対的明示事項」があります。

■労働条件の相違（労働契約の即時解除と帰郷旅費）◇◇◇◇◇◇◇

労基法では、明示された労働条件が事実と相違する場合は、労働者は即時に労働契約を解除することでき、この場合、就業のために住居を変更した労働者が、契約解除の日から 14 日以内に帰郷する場合においては、使用者は、必要な旅費を負担しなければならないとしています（労基法第 15 条）。

	労働条件の明示
絶対的明示事項	① 契約期間に関すること ② 期間の定めがある契約を更新する場合の基準（更新上限・無期転換申込機会・無期転換後の労働条件を含む）に関すること ③ 就業場所・従事する業務、変更の範囲に関すること ④ 始業・終業時刻、休憩、休日などに関すること ⑤ 賃金の決定方法、支払時期などに関すること ⑥ 退職に関すること（解雇の事由を含む） ⑦ 昇給に関すること
相対的明示事項	⑧ 退職手当に関すること ⑨ 賞与などに関すること ⑩ 食費、作業用品などの負担に関すること ⑪ 安全衛生に関すること職業訓練に関すること ⑫ 災害補償などに関すること ⑬ 表彰や制裁に関すること ⑭ 休職に関すること

労働条件の明示にあたっては、特に重要な①〜⑥は書面の交付が必要になります。
- 契約はいつまでか
- 期間の定めがある契約の更新についての決まりがあるかどうか
  （更新があるかどうか更新する場合の判断の仕方など）
- どこでどんな仕事をするのか
- 仕事の時間や休みはどうなっているのか
- 賃金をどのように支払うのか（賃金締切り日と支払い日など）
- 辞めるときの決まりはどうなっているのか

5-6 労働条件の変更

労働条件の変更には、合意による変更と就業規則による変更があります。労働契約は、労使が合意をすれば、労働契約を変更することができます。但し、変更合意があったとしても、就業規則に定める労働条件を下回ることはできません。

尚、使用者の就業規則の変更にあっては、労働者の不利益となるような一方的な変更はできません。変更する場合は、内容が合理的なものであること、また変更にあたっては、労働者に十分周知することが必要になります。

労働契約法は、労働契約の基本的なルールを定めています。私法上の効果を明確にするもので、罰則はありません。民法の権利濫用法理を当てはめた場合の判断の基準などを規定しています。解雇トラブルなど、民事裁判や労働審判は、労働契約法の規定を踏まえて行われます。※→71ページ

労働契約は、労働者及び使用者が対等の立場における合意に基づいて締結し、又は変更すべきものとする。	労働契約法第3条第1項（労働契約の原則）
労働者及び使用者は、その合意により、労働契約の内容である労働条件を変更することができる。	労働契約法第8条（労働契約の内容の変更）

就業規則の変更が合理的であること

変更後の就業規則を労働者に周知させること

61

5. 個別労働関係

5-7 禁止事項（賠償予定の禁止・前借金相殺の禁止等）

労基法では、労働契約の不履行について、違約金を定めたり、損害賠償額を予定する契約を結んだりすることを禁止し、また、労働することを条件とする前貸の債権（借金）と賃金を使用者が相殺することを禁止しています。この他、労働契約に付随して強制的に貯金契約をさせ、又は管理する契約を結ぶことを禁じています。

尚、賠償予定では、一定の金額を支払うことを予め決めておくことが禁止されているのであり、実際に発生した損害について損害賠償を請求することまでを禁止しているものではありません。また、相殺については、使用者側からの相殺を禁じているものであり、労働者の自己の自由意思によって相殺することまでは禁止していません。

使用者は、労働契約の不履行について違約金を定め、又は損害賠償額を予定する契約をしてはならない。 この条文は、現実に発生した損害について損害賠償を請求することまで禁止している訳ではありません。	労基法第16条 （賠償予定の禁止）
使用者は、前借金その他労働することを条件とする前貸の債権と賃金を相殺してはならない。 この条文は、使用者側からの相殺を禁じている規定になります。よって労働者側から、自己の自由な意思によって行われる身分的拘束を伴わない相殺や労働者の信用に基づいて行われる前貸までを禁止している訳ではありません。	労基法第17条 （前借金相殺の禁止）
使用者は、労働契約に付随して貯蓄の契約をさせ、又は貯蓄金を管理する契約をしてはならない。 この条文は、労働契約に付随して行われる貯蓄契約を禁止したものとなっています。	労基法第18条 （強制貯金）

5-8 労働法上の責任

　労働者は、使用者の管理下にあることから、使用者の業務上の指揮命令に従う義務があります。これを使用従属の関係といいます（注）。一方の使用者は、事業活動にあたり、労働者を使用して、その労働を管理することから、労働法上の責任を負うことになります。

注）使用従属や従業員の「従」から見て取れるように、労働者は使用者の業務上の指揮命令に「従う」必要があります。

労務管理	管理責任	労働法
労働時間・休日・休暇	時間管理等責任	労基法
賃金	賃金管理責任	労基法・最賃法
安全衛生	安全衛生管理責任	安衛法
雇用	雇用管理責任	労契法・労基法・高年齢者雇用安定法・障害者雇用促進法

　尚、労働者を雇入れた場合には、労働保険や社会保険に加入する義務があります。

労働保険	労災	労災保険加入義務	労災法・徴収法
	雇用	雇用保険加入義務（要件有り）	雇用保険法
社会保険		社会保険加入義務（要件有り）	健康保険法・厚生年金保険法

■休業手当

　使用者（会社）の都合で労働者を休業させた場合は、使用者は休業手当を支払う必要があります。休業手当は、労働者の収入保障の位置づけになります。

使用者の責に帰すべき事由による休業の場合においては、使用者は、休業期間中当該労働者に、その平均賃金の百分の六十以上の手当を支払わなければならない。	労基法第26条（休業手当）

5. 個別労働関係

■労働災害

労働者が業務遂行中に負傷してしまった場合（労働災害が発生した場合）には、使用者は一義的には、その責任を負うことになります（注）。ただ、労働災害については、使用者の負担が大きくなることから、国は事業所を労災保険に強制加入させることで、保険制度を通じて、災害に対する補償をしています。

注）労災保険が適用されます。

尚、労災保険には、この他、社会復帰促進等事業として未払賃金立替払事業があります。政府は、労災保険の適用事業の事業主（注）が破産手続き開始の決定を受けた場合で、労働者に未払い賃金があるときは、当該労働者の請求に基づき、未払い賃金の立替払いを行っています。未払い賃金の立替払いの額は、未払賃金総額の8割程度で、上限額があります。

注）1年以上事業を行っていること等の要件があります。

5-9 第三者に対する責任

加害行為に対する賠償責任は、「他人に損害を与えてしまった場合、加害者はその損害を賠償する責任を負う」ことが基本となりますが、雇用関係下での第三者に対する損害賠償責任は、次のようになります。

労働者本人に相当の注意が足りず、当該労働者の行為により、他人に損害を与えてしまったときは、従業員たる労働者はその損害の賠償責任を負うことになります。この場合の実務上の取扱いでは、本人の費用負担を原則としつつ、事案ごとによって取り扱う事になります。尚、負担割合や負担額は、総合的にみて決める事になります。

労働者が第三者に損害を与えてしまった場合は、その損害を賠償する責任は使用者が負う（注）。

- -

但し、使用者が相当の注意をはらったときや、相当の注意をしても損害が発生するような場合には免責される。

注）使用者責任

64

6. 募集・採用

6-1 募集・採用

　募集、採用から勤務開始までの流れは次のようになります。

　求人者（会社）は、求職者を採用する（雇入れる）ために、選考方法を決め、募集広告を出します。募集広告は、いわゆる「申し込みの誘引」です。募集の際の労働条件は、基本的には、雇用契約における労働条件です。

　求職者は、この誘引に応じる形で、雇入れの申し込みを行います（応募）。

　これに伴い、求職者は履歴書や職務経歴書を会社に提出し、会社が行う採用のための試験（書類選考、面接試験、筆記試験、適性試験など）を受け、その試験の結果を待ちます。採用・不採用は、試験の合否で決まります。採用試験の合格者には、決められた日時に出社するよう通知されます。

6. 募集・採用

6-2 求人広告

　求人広告は、一般的な広告規制（誇大広告の禁止など）は適用されるものの、広告そのものは労働基準法での規制はありません。そのため、求人広告や副業に関するトラブルが増えています。また、募集時の条件が後に問題となるケースがあります。そこで、職業安定法で求人企業に対し、①求人情報や②自社に関する情報の的確な表示を義務付けています。

求人情報	誤解を与えさせる表示・虚偽の表示・不正確な情報（例）
◆ 的確な表示→義務 ◆ 虚偽表示→禁止	・実際の給与額とは異なる高い給与額に偽り求人広告を出している ・実際に募集している会社とは別の会社名で求人広告を出している ・実際は上場企業ではないのに上場企業と偽り求人広告を出している ・実際はアルバイトを募集しているが、正社員募集と偽り求人広告を出している ・実際に募集している業種とは違う業種で求人広告を出している ・特定負担があることを秘匿し簡単に稼げる副業という求人広告を出している

■応募資格

　募集や採用では、応募資格を年齢や性別で制限しないよう、また性別については募集や採用の機会が均等になるよう法制化されています。

年齢の設定に関すること	募集資格：35歳まで→×
性別の設定に関すること（注）	募集資格：女性のみ（或いは男性のみ）→×
人数差の設定に関すること	募集人数・採用人数：女性●名、男性▲名→×
職種の呼称に関すること	他方の性を排除する職業呼称（例：看護婦）→×

> **注）性別設定の例外**
> ・芸術・芸能分野での表現において要請される場合
> ・守衛、警備等のうち防犯上の観点から要請される場合
> ・宗教、風紀、スポーツ競技において必要性が認められる場合
> ・法令に基づく深夜業、危険有害業務等で性別制限がある場合
> ・性別での制限がある海外での勤務

6-3 最低年齢等

　児童労働は禁止となります。労働における最低年齢は、労基法では、満15歳に達した日以後の最初の3月31日が終了するまで、使用してはならないとしています。但し、非工業的業種の事業で児童の健康及び福祉に有害でなく、労働が軽易なものについては、労基署の許可を受けて、修学時間外に使用することができるとされています。映画の製作又は演劇の事業については、満13歳に満たない児童（いわゆる「子役」）についても同様となります。

児童（満15歳に達した日以後最初の3月31日が終了するまでの者）
・使用禁止（子役等を除く）

年少者（満18歳に達しない者）
・労働時間・休日の制限、深夜業の制限、危険有害業務の就業制限、年齢証明書等の備え付け

未成年者（満18歳に達しない者）
・未成年者の労働契約締結の保護、未成年者の賃金請求権

■年少者の就業

　使用者は、満18歳に満たない者（「年少者」という）を就業させる場合は、年少者であることを証明する書類を事業場に備え付ける必要があります。

　年少者の就業にあたっては、時間外・休日労働、深夜労働に制限があります。

■未成年者の労働契約

　労働契約は、直接契約が原則です。使用者は、相手が未成年者であっても、その者の父母（親権者）と労働契約をその本人に代わって締結することはできません。また、賃金の支払いにあたっては、親権者は、未成年者である本人に代わって受け取ってはならないとされています。

■雇入れ時の年齢確認義務

　使用者は、労働者を雇入れる場合は、年齢を確認する義務があります。

6. 募集・採用

6-4 均等待遇

　労働条件の決定で最も問題となるのが賃金です。賃金については、均等待遇の原則があります。賃金は、最低賃金以上の額が支払われていることはもちろんですが、その支払いにあっては、合理的なものであるか、また不合理な待遇差（注）が無いかが問われることになります。

注）「待遇」とは、労働条件のことで、賃金だけでなく、教育訓練や福利厚生も含まれます。

　尚、不合理な差の解消の取り組みとしては、同一労働同一賃金があります。

使用者は、労働者の国籍、信条又は社会的身分を理由として、賃金、労働時間その他の労働条件について、差別的取扱をしてはならない。	労基法第 3 条 （均等待遇の原則）

　合理的とは、同じ能力の人が同じ仕事をする場合に、同じ賃金が支払われることをいいます。※→ 197 ページ

6-5 同一労働同一賃金

　同一労働同一賃金とは、契約形態の違いに基づく、不合理な待遇差を解消する取り組みをいいます。

　簡単に言えば、同じ仕事をしているのならば、同じ賃金になるのが本来であるから、契約形態の違いだけで賃金額が異なるのは、不合理であるから正しいとはいえないとするものです。

　労働条件の決定にあっては、正社員（無期雇用フルタイム労働者）などの正規労働者と非正規労働者（パートタイム労働者・有期雇用労働者・派遣労働者）との間で、待遇差が存在する場合には、不合理なものとならないよう留意する必要（注）があります。

68

注）この同一労働同一賃金は、不合理な待遇差がある場合は解消が求められますが、合理的差による待遇差を禁ずるものではありません。

≪合理的差≫ ※→ 197 ページ

責任ほぼ無し ＜ 責任重大

肉体的・精神的負担ほぼ無し ＜ 肉体的・精神的負担大きい

6-6 性別と労働条件

　労基法は、賃金について、性別を理由とした差別的取り扱いを禁止しています。

　労基法で禁止されているのは、性別を理由（女性であることを理由）とする差別的取り扱いで、対象となるのは賃金になります（注）。

注）労働条件は含まれません。

　差別的取り扱いでは、不利に扱うだけでなく、有利に扱う場合も含まれます。

使用者は、労働者が女性であることを理由として、賃金について、男性と差別的取り扱いをしてはならない。	労基法第 4 条 （男女同一賃金の原則）

　男女同一賃金（労基法第 4 条）についても、性別とは切り離した部分で、単に職能（職務遂行能力）による差から生じる賃金差については、本条違反とはなりません。

6. 募集・採用

6-7 男女雇用機会均等法

　男女雇用機会均等法では、募集及び採用、配置、昇進、降格及び教育訓練、福利厚生、職種及び雇用形態の変更、退職勧奨、定年及び解雇、労働契約の更新について、「労働者の性別を理由として、差別的取り扱いをしてはならない」としています。

　尚、差別的取り扱いについては、有利に取り扱う場合も含まれますが、事業主が男女労働者の待遇差で支障がある場合において、女性労働者を有利に扱うことを講ずる改善措置（ポジティブ・アクション）は認められています。

　また、同法は、事業主に対し、妊娠、出産等を理由とする不利益取扱いの禁止、事業主が講ずべき措置として、セクシャルハラスメント及びマタニティハラスメントの防止措置を定めています。

6-8 障害者雇用義務

　労働者を常時使用する事業主には、従業員数に応じて、決められた人数の障害者を雇用する必要があります。尚、障害者を雇用する割合を障害者雇用率（法定雇用率）といいます。

　障害者雇用については、法定雇用率を超えた場合には、障害者雇用調整金が支給され、反対に満たない場合には、障害者雇用納付金を支払う制度があります（障害者雇用納付金制度）。

7. 労働契約

7-1 労働契約

　労働契約は、信頼関係の上に成り立つものになります。労働契約は、労働の提供と報酬の支払いについて取り交わされる契約になります。

　労働契約は、①労働の提供と報酬の支払い、②労務管理、③誠実・配慮、④損害賠償責任に大別されます。契約の根幹にあるものが信義則・誠実義務です。

≪労働契約の基本的内容≫

	労働者	使用者	労使双方
労働の提供と報酬の支払い	労働義務（労働者の義務であるため就労請求権は無い）・職務専念義務	労務指揮権・業務命令権（就業規則等の合理的な規定に基づく相当な命令）	――
労務管理の関係	――	人事権（採用、配置、異動、人事考課、昇進、休職、解雇等）	――
誠実・配慮の関係	営業秘密の保持義務 競業避止義務	安全配慮義務 解雇回避努力	説明・協議義務 信義則・誠実義務
損害賠償責任	債務不履行・不法行為	使用者による求償権	責任制限法理

　労働契約では、債務不履行や不法行為に基づく損害賠償責任があり、程度によって責任制限法理が適用されます。この損害賠償責任については、第三者に対しても負うものになります。※→ 64 ページ

≪損害賠償責任≫

①労働者の帰責性（故意、過失の有無・程度）

②地位、職務内容、労働条件

③損害発生に対する使用者の寄与度（指示内容の適否、事故予防・リスク分散・管理の有無）

7. 労働契約

7-2 労働契約5原則

労働契約には、①労使が対等の立場であること②就業の実態に応じて、均衡を考慮すること③仕事と生活の調和に配慮すること④信義に従い誠実に行動しなければならず、⑤権利を濫用してはならないことの「5つの原則」があります（労働契約法第3条）。

労働契約5原則	
①労使対等	労使の対等の立場によること
②均衡考慮	就業の実態に応じて、均衡を考慮すること
③仕事と生活の調和への配慮	仕事と生活の調和に配慮すること
④信義誠実	信義に従い、誠実に行動すること
⑤権利濫用の禁止	権利を濫用してはならないこと

7-3 労働契約の効力

労働契約の効力は、次のようになります。

労働基準法で定める基準に達しない労働条件を定める労働契約は、その部分については無効とする。この場合において、無効となった部分は、労働基準法で定める基準による。	労基法第13条（労働契約）

労基法は労働条件の最低基準を定めていますので、労使間で最低基準以下の取り決めがあった場合は、その部分は無効となり（強行的効力）、無効となった部分は、労基法の基準まで自動的に引き上げられることになります（直律的効力）。つまり、契約の自由における契約内容（労働条件）は、労基法により最低基準が担保されることになります。※→45ページ

7-4 労働契約の成立

　求職者は、提示された労働条件について、契約するか否かを判断します。契約を締結するもしないも求職者の自由です（注1）。

　労働契約は、合意（注2）によって成立します。

　労働契約は、労働力を提供することで、その労働の対償として賃金が支払われる契約です。これらは権利義務の関係に立ちます。

　労働者の義務には、仕事に専念する義務（職務専念義務）や秘密を保持し守る義務（守秘義務）、相反行為を禁止する競業避止義務があり、使用者の義務には、安全に配慮する義務や解雇を回避するために努力する義務があります。

注1）締結の自由
注2）成立要件に、書面の締結は必要ありません。口頭でも契約は成立します（方式の自由）。

労働者が使用者に使用されて労働し、使用者がこれに対して賃金を支払うことについて、労働者及び使用者が合意する事によって成立する。	労働契約法第6条（労働契約の成立）

≪労働契約≫

	使用者（会社）	労働者（従業員）
権利	役務の提供を受ける	賃金を受け取る
義務	賃金を支払う（払う）	労働力を提供する（働く）（注）
	雇う側	雇われる側
付帯義務	法令遵守	指揮命令に従う義務 職務に専念する義務

注）労働は労働契約上の義務であり、権利ではないため就労請求権はありません。但し、雇用契約書に特段の定めをした場合や特殊技能を要す業務など労働の提供が合理的理由となる場合は、就労請求権が肯定されます。

7. 労働契約

7-5 試用期間

　試用期間とは、会社（使用者）が任意に設定する試みの使用期間になります。会社は、試用期間中に雇用した労働者がやっていけるかどうか（本採用するかどうか）を決めることにますが、労働者も試用期間中に引き続き、その会社で勤務していけるかどうか、必要な知識・能力が足りているかどうかの確認をします。

　尚、使用者の試用期間の設定にあっては、実務では、試用期間の長さを労働条件通知書や雇用契約書に記載します。また、試用期間中に、労働者が職責を全うする意思を持ち合わせているかどうか、社員としての適性や業務の適性を判断します。

　業務の適性は、一般に次の視点で行われることになります。
規律性、積極性、協調性、責任性、仕事の質と量
（クオリティとスピード）、勤務成績

7-6 期間の定めのある契約（有期労働契約）

　契約の実務で重要となるのが契約期間です。労働契約には、期間の定めが有る契約と無い契約があります。期間の定めが有る契約を一般に「有期労働契約」または「有期契約」といいます。契約期間は、特段の定めの無い限り、原則、労使双方を拘束する期間となり、労働者は役務の提供（労働）を約束する期間になります。

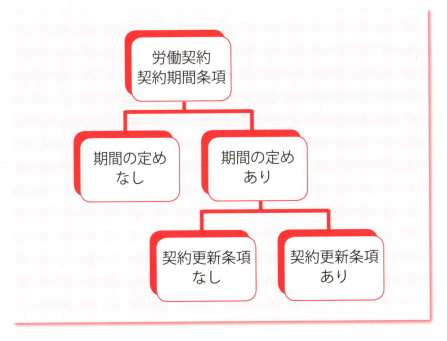

7. 労働契約

7-7 契約期間の上限

　労基法は、会社を辞める自由を拘束するような労働契約を禁止しています。そのため、労働契約に期間の定めを設ける場合には、次の上限規制があります。

労働契約は、期間の定めの無いものを除き、一定の事業の完了に必要な期間を定めるもののほかは、3年（注）を超える期間について締結してはならない。 注）高度の専門的能力を有する者及び満60歳以上の者については、契約期間の上限は5年	労基法第14条 （契約期間の上限）

　よって、契約期間10年で労使が合意したとしても、3年（または5年）が適用されることになります。但し、上限については例外があり、建設工事等、その工事の完了までに一定の期間を要する場合は、3年（または5年）を超えて契約することが認められています。

7-8 有期契約の更新

　期間の定めのある契約の更新については、更新の有無と更新にあたっての判断基準を明示する必要があります。有期契約の雇用契約書で「契約の更新はしない」となっていれば、契約期間の満了で雇用契約は終了する事になります。そのため実務（労働条件通知書・雇用契約書）では、かなり重要な部分になります。

≪更新の有無の明示（例）≫	≪判断基準の明示（例）≫
・自動的に更新する ・更新する場合がある ・契約の更新はしない	・契約期間満了時の業務量により判断する ・労働者の勤務成績、態度により判断する ・労働者の能力により判断する ・会社の経営状況により判断する ・従事している業務の進捗状況により判断する
≪契約終了条件≫ ・契約更新の際に、再更新しないことについて合意している ・契約更新回数に上限を設けており、現在の契約はその上限に係るものとなっている	

7-9 雇い止め

　有期契約で、使用者が契約の更新を行わず、契約期間の満了により雇用関係が終了することを「雇い止め」といいます。尚、有期契約の更新が、過去に何度も反復継続して更新されており、雇止めが無期労働契約の解雇と社会通念上同視できると認められ、契約期間満了時において、労働者に契約の更新が期待されることについて合理的な理由があると認められるものについては、有期の労働契約についても、解雇制限法理が適用されることになります（雇い止め法理）。

7. 労働契約

7-10 採用内定と取消

　求人企業が行う採用決定の事前通知を内定といいます。労働契約は入社の意思表示と確認によって成立しますが、急激な経営環境の悪化等により求人企業が雇用できない状態となった場合や求職者が卒業できないなど、入社にあたっての条件を満たさなくなった場合には内定取り消しとなります。

　採用内定の取り消しは、労働契約が成立したと認められる場合には解雇となります。

　解雇は、客観的に合理的な理由を欠き、社会通念上相当であると認められない場合は、その権利を乱用したものとして、無効となります（労契法第16条）。内定取消しが認められる場合は、労働基準法第20条（解雇の予告）の規定が適用されます。※→90ページ

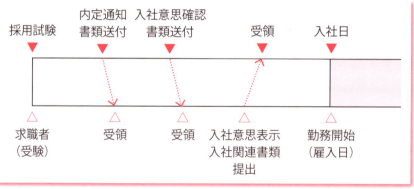

≪**内定取り消し事由：例**≫
① 採用にあたり提出した書類に虚偽があったとき
② 病気、事故等により、就労に耐えられないとき
③ 刑事事件等を起こし、起訴されたとき
④ 連絡遅延、提出書類の不備等により、入社手続きに遅れと混乱を生じさせたとき
⑤ ○○資格が取得できなかったとき
⑥ 卒業できなかったとき

8. 労働関係の終了

8-1 労働関係の終了

　労働関係の終了（離職）には、一方的な終了、合意による終了、自然退職があり、大きく次の6つがあります。

8-2 合意解約

　合意解約とは、労働者と使用者の合意によって、労働契約を終了させることをいいます。

　この合意解約は、解約申し込みの意思表示に対し、相手方の承諾（承認）によって成立します。

　合意解約における「労働者」からの意思表示は、依願退職（「退職願」の提出）がこれにあたります。裁判例では、使用者が承諾するまでの間は、撤回できるとしています。

8. 労働関係の終了

8-3 辞職 （退職）

　辞職とは、労働者による労働契約の一方的解約をいいます。「退職届」の提出がこれにあたります。

　期間の定めの無い契約では、労働者は、2週間以上先の日付を退職日として指定することにより、契約を解約することができます。ただ、実際の退職は「退職する場合は、少なくとも1カ月以上前に申し出ること」など、労働条件通知書や就業規則等の定めによるところとなります。

労働者	➡	使用者

　尚、期間の定めのある契約（有期契約）では、それぞれが期間の拘束を受けるため、解約の事由が一方の過失によるときは、相手方に対して損害賠償の責任を負うことになります。

　但し、1年超の有期契約締結の「労働者」（注）が1年を超えて勤務した場合には、当該労働者は、期間に拘束されることなく、解約することができます。

注）一定の事業の完了に必要な期間を定めるものや上限5年契約の高度専門職及び満60歳以上の者を除く。

8-4 当事者の消滅

　当事者の消滅とは、使用者又は労働者の死亡、法人の清算・解散（企業再編による清算を含む）などをいいます。

```
当事者の消滅

    ├─ 労働者又は使用者の死亡

    └─ 法人の清算・解散
```

■企業再編 ◇◇◇◇◇◇◇◇◇◇◇◇◇◇◇◇◇◇◇◇◇◇◇◇◇◇◇

　企業再編に伴う会社の合併（新設・吸収）、分割（新設・吸収）、営業譲渡、整理解雇等については、企業再編に伴う協議書、計画書に基づき、清算、転籍、整理解雇等の手続きが取られます。選択する再編手法等により、労働者の範囲が決定され、労働者の同意等の手続きが取られることになります。

　尚、「会社分割」の労働契約にあっては、労働契約承継法が適用され、承継範囲を決めた上で、労働契約は引き継がれることになります。

8-5 有期契約における期間の満了

　労働契約に期間の定めがある場合は、期間の満了によって労働契約は終了します。

　期間満了後も実態として雇用が継続している場合は、黙示の更新が生じたものとなり、有期の労働契約が反復更新される場合は、その更新拒絶にあっては解雇権濫用法理が類推適用されます。

期間満了 ＝ 契約終了

81

8. 労働関係の終了

8-6 契約更新と終了（無期転換申込権）

有期労働契約には、次の無期転換ルールがあります（労契法第18条）。

有期労働契約が「5年」を超える労働者が、使用者に対し、期間の定めの無い労働契約締結の申し込み（無期転換の申し込み）をしたときは、当該申し込みを使用者が承諾したものとして取り扱われます。

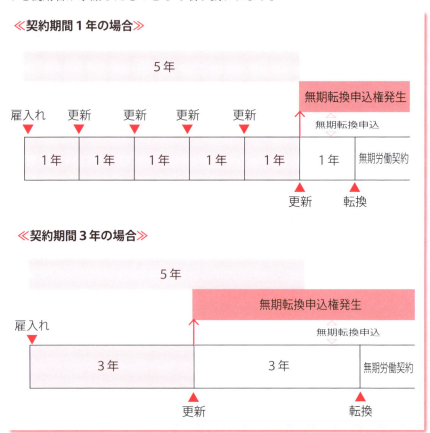

無期転換を前提としない有期労働契約にあっては、使用者は少なくとも5年を超えることとなる契約の前（更新30日前）までに、契約終了を通知しておく必要があります。

■無期転換ルールの特例

無期転換ルールには次の特例があります。

同一の使用者との有期労働契約が通算5年を超えて更新された場合には、無期転換申込権が発生しますが、次の特例措置対象者について都道府県労働局長の認定を受けた場合には、無期転換申込権は発生しないこととされています。

≪特例措置対象者≫

専門的知識等を持つ有期契約労働者	定年後も引き続き雇用される有期契約労働者
一定の期間内に完了することが予定されている業務に就く期間（上限10年）	定年後も雇用されている期間

■クーリング期間

無期転換ルールには、前後の期間を通算しない期間があります。

有期労働契約と次の有期契約の間が6ヵ月以上空いているときは、前後の期間は通算されず、前の期間は契約期間に含めません。この空白期間をクーリング期間といいます。

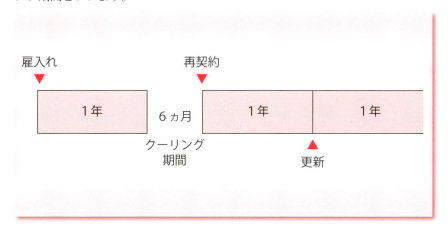

8. 労働関係の終了

8-7 定年制

定年制とは、労働者が一定の年齢に達した時に労働契約が終了する制度をいいます。

定年制は、長期雇用を前提とする日本の雇用慣行の下では、合理性のある制度として、広く認識されています。また、定年による退職は、労使間の約定事項となり、自然退職として取り扱われます（注）。

注）労働法学では、一部これと異なる学説があります。

定年 ＝ 契約終了（退職）

尚、事業主が従業員の定年を定める場合は、その定年年齢は60歳以上にする必要があります。また、定年年齢を65歳未満に定めている場合は、その雇用する高年齢者の（65歳までの）安定した雇用を確保するため、次のいずれかの措置を講ずる必要があります。（高年齢者雇用安定法第8条、9条）

高年齢者雇用確保措置	65歳までの定年の引き上げ
	65歳までの継続雇用制度の導入
	定年の廃止

定年後の再雇用は、合意による労働契約の再締結が基本ですが、継続雇用制度では、欠格事由が無い限り、労働者に契約締結権が生ずることになります（労働者が希望した場合に再雇用される）。

■ 84

8-8 退職勧奨

　退職勧奨とは、使用者が労働者に対し退職を勧めることをいいます。退職勧奨は、使用者が一方的に契約解除を通告する解雇（予告）とは異なり、労働者がこれに応じるかは、労働者が決めるものになります。

　退職勧奨は、使用者の退職勧奨に対して、労働者が自由なる意思の下、決定します。

使用者 労働者（承諾）

8-9 変更解約告知

　変更解約告知とは、使用者による労働条件の変更申し入れを労働者が承諾しない場合に行われる解約（新しい契約締結の申し込みに伴う現契約の解約）をいいます。

　尚、解約が解雇となる変更解約告知では、合理的理由（必要性）、解雇回避としての労働条件変更、対象者への影響など、比較均衡した上で権利濫用とならないよう解雇の決定を含めて、人事権の範囲内で行われるべきものとなります。

8. 労働関係の終了

8-10 離職理由

これまで労働関係の終了を解説してきましたが、雇用保険の実務で重要となるのが労働者の離職理由です。労働者の離職理由には、次のようなものがあります。

労働者都合による離職	・自己都合による離職（一身上の都合による退職）
事業主都合による離職	・事業の縮小による離職 ・勤務地限定採用で、勤務地の事業場が廃止されたことによる離職（勤務地変更の定めがないとき）
契約期間満了による離職	・有期契約で契約期間満了日が到来したことによる離職
その他の理由による離職 判断が難しい離職	・遅刻早退・欠勤等、勤務成績不良と認められたことによる離職 ・業務を遂行する能力が十分でないと認められたことによる離職 ・担当していた業務が終了したことによる離職 ・職務命令違反が認められたことによる離職等

契約終了条件が明示された労働契約を締結した場合において、契約終了条件が発生したとき（契約の根幹となる条件が満たされなくなったとき）は、そのときに労働契約は終了することになります。

尚、退職に関する事項は、労働条件の明示においては絶対的明示事項、就業規則においては絶対的必要記載事項になります。

≪記載例≫

◆契約社員の契約（期間の定めのある契約）は、契約期間が満了した日に終了する。

◆勤務地限定社員の勤務する事業所（就業場所である事業所）が無くなったときは、当該事業所が無くなった日に契約は終了する。
但し、勤務地限定社員が希望するときは、他の勤務地での就業を認める。

8-11 退職時の証明等

　労働者の退職にあたっては、次の取り扱いがあります（労基法第22条）。
　使用者は、労働者の退職や解雇の予告にあたり、本人から請求があった場合は、遅滞なく証明書を交付しなければなりません。また、労働者の死亡又は退職にあたり、労働者本人又は遺産相続人から請求があった場合は、賃金、その他、労働者の権利に属する金品を返還する必要があります。

労働者が、退職の場合において、使用期間、業務の種類、その事業における地位、賃金又は退職の事由（退職の事由が解雇の場合にあっては、その理由を含む。）について証明書を請求した場合においては、使用者は、遅滞なくこれを交付しなければならない。	労基法第22条1項（退職時等の証明）

9. 解雇

9-1 解雇

解雇とは、「使用者」による労働契約の解約になります。

尚、契約は、契約当事者双方に「解約の自由」があり、2週間の経過（予告期間の経過）によって終了することになりますが、労使の関係では、特に影響の大きい「使用者」による解雇権の行使にあたっては、慎重に行われるべきものとされ、解雇手続きは、労基法で規制されています。※解雇予告→90ページ

使用者 **労働者**

当事者が雇用の期間を定めなかったときは、各当事者は、いつでも解約の申入れをすることができる。この場合において、雇用は、解約の申入れの日から2週間を経過することによって終了する。	民法627条（期間の定めのない雇用の解約の申入れ）

◆ 解雇そのものの有効性 → 9-2 解雇権
◆ 解雇の手続 → 9-3 解雇予告

9-2 解雇権

　解雇の決定は使用者の自由ながらも、私権における法律行為は、一定の範囲内で行われる必要があります。よって、解雇権の行使にあたっては、合理的な理由を欠き、社会通念上相当であると認められない場合は、その権利を濫用したものとして、無効となります。

| 客観的に合理的な理由を欠く | 社会通念上相当であると認められない |

■解雇制限期間

　労働基準法上、解雇できない期間（これを「解雇制限期間」という）は、①業務上の傷病（負傷又は疾病）による療養のための休業期間及びその後 30 日間、②産前産後の休業期間及びその後 30 日間です（但し、打切補償を支払う場合、天災事変その他やむを得ない事由のために事業の継続が不可能となった場合で行政官庁の認定を受けた場合はこの限りではありません）。

■解雇制限期間と有期契約

　有期契約で、業務上の傷病により療養のため休業している場合において、当該休業中に契約期間が満了する場合は、引き続き更新されたと認められる事実がない限りは、当該契約期間の満了をもって当然に労働関係は終了することになります。

■有期契約と解雇

　期間の定めのある契約では、労働者の責めに帰すべき事由がない限り、「使用者」は契約期間中、解雇することはできず、使用者に過失がある場合は、労働者に対し損害賠償の責を負うことになります。但し、期間満了後も実態として雇用が継続している場合は、黙示の更新が生じたものとして、期間の定めの無い契約と同様、解雇をなしうるものとなります。

89

9. 解雇

9-3 解雇予告 （解雇の手続）

解雇の手続きは、労基法によるところとなります。労基法では、解雇する場合は、30日前に予告を行うことや、予告を行わない場合には解雇予告手当（30日分以上の平均賃金）を支払うことを定めています。

30日という期間又は30日分というお金は、次の仕事を探すための期間又はこれに相当する金銭になります。

解雇予告手当は使用者が、解雇の申し渡しと同時に通貨で直接支払うお金です。解雇予告手当は、労働の対償では無いため、賃金ではありません。

尚、労働者が雇用保険の被保険者であり、一定の要件に該当する場合は、労働者は失業に伴う給付を受給することができます（この場合「特定受給資格者」となります）。

使用者は、労働者を解雇しようとする場合においては、少なくとも30日前にその予告をしなければならない。30日前に予告をしない使用者は、30日分以上の平均賃金を支払わなければならない。	労基法第20条（解雇予告）
※予告の日数は、1日について平均賃金を支払った場合においては、その日数を短縮することができます。	

30日前

20日前の解雇予告＋10日分の解雇予告手当

本条違反については、即時解雇については無効ではあるものの、通達では「使用者に解雇する意思があり、かつ、その解雇が必ずしも即時解雇であることを要件としていないと認められる場合には、その即時解雇の通知は30日経過後において解雇する旨の予告として効力を有する」としています。

90

9-4 解雇予告の適用除外

前項の9-3（解雇予告）では、解雇の手続きを解説しましたが、解雇予告については、次の適用除外があります。

労基法20条の解雇予告の規定は、次の労働者については適用しない。ただし、それぞれ次の期間を超えて引き続き使用されるに至った場合においては、この限りではない。		
適用除外者 （解雇予告が不要とされる者）	解雇予告が必要となる場合	労基法第21条 （解雇予告の適用除外）
◆日々雇入れられる者	1ヵ月を超えて引き続き使用されるに至った場合	
◆2ヵ月以内の期間を定めて使用される者	所定の期間を超えて引き続き使用されるに至った場合	
◆季節的業務に4ヵ月以内の期間を定めて使用される者		
◆試みの使用期間中の者	14日を超えて引き続き使用されるに至った場合	

9-5 解雇予告と休業命令

使用者が、解雇の予告と同時に休業命令を発した場合は次の取り扱いとなります。解雇の予告と同時に成した使用者の休業命令にあっては、30日前に予告がなされ、休業手当が支払われている限りにおいては、予告期間の満了で当

9. 解雇

該契約は終了することになります。つまり、解雇の予告が成されている以上は、解雇予告期間中（＝休業中）は休業手当の額（60％）で足り得ることになります。
※→ 63ページ

| 30日前（解雇予告） |
| 同時（休業命令） |

9-6 整理解雇

　整理解雇とは、経営環境の変化や経営不振などにより、使用者が、解雇せざるを得ない場合に人員削減のために行う解雇をいいます。整理解雇にあたっては、次の4つの要件があります。整理解雇は、4要件を満たした場合に有効とされます。

人員整理の必要性
・不況や経営不振など企業経営上、人員整理が必要であること

解雇回避の努力
・配置転換、希望退職者の募集など解雇回避のための努力があること

人選の合理性
・整理解雇対象者の基準が客観的、合理的で公正であること

解雇手続きの妥当性
・対象者に解雇の必要性、時間・方法について十分な説明を行っていること

10. 労働時間規制の体系

10-1 労働時間規制の体系

労働時間規制は、一般規制、特別規制、適用除外の3つに分けられます。

一般的な働き方の原則に対し、時間外労働・休日労働はその例外になります。

労働時間法制では、変形労働時間制やフレックスタイム制といった労働時間の弾力的取り扱いを認めています。特別規制には、みなし時間制と高度プロフェッショナル制度の2つがあり、みなし時間制には、事業場外みなし労働時間制、専門業務型裁量労働制、企画業務型裁量労働制があります。

労働時間規制	一般規制	原則	労働時間（労基法32条）、休憩（同34条）、休日（同35条）
		弾力的労働時間規制	変形労働時間制
			フレックスタイム制
		例外	災害等による臨時の必要がある場合の時間外労働等（労基法33条）
			時間外及び休日の労働（同36条）
		割増賃金	時間外、休日及び深夜の割増賃金（同37条）
	特別規制	みなし時間制	事業場外みなし労働時間制
			専門業務型裁量労働制
			企画業務型裁量労働制
		高度プロフェッショナル制度（労基法41条の2）	
	適用除外	労働時間等に関する規制の適用除外（同41条）	

尚、労働時間と公民権の関係では、労基法に次の規定があります。

| 使用者は、労働時間中に、選挙権その他公民としての権利を行使し、又は公の職務を執行するために必要な時間を請求した場合においては、拒んではならない。但し、権利の行使又は公の職務の執行に妨げがない限り、請求された時刻を変更することができる。 | 労基法第7条（公民権行使の保障） |
| 公民としての権利や公の職務とは、選挙権の行使や裁判の証人出廷などがあります。尚、公民権行使に係る時間については、当事者に委ねられた時間となります。よって、無給でもよいとされています。 | |

93

10. 労働時間規制の体系

10-2 労働時間・休日

　労基法では、使用者が労働者を休みなく永遠に働かすことのないよう、労働時間は原則1週40時間、各日については1日8時間、休憩は8時間超の労働で1時間以上、6時間超で45分以上とし、休日は1週間に1日以上または4週間で4日以上と定めています。

使用者は、労働者に、休憩時間を除き1週間について40時間を超えて、労働させてはならない。使用者は、1週間の各日については、休憩時間を除き1日について8時間を超えて、労働させてはならない。	労基法第32条 （労働時間）
使用者は、労働時間が6時間を超える場合においては少なくとも45分、8時間を超える場合においては少なくとも1時間の休憩時間を労働時間の途中に与えなければならない。	労基法第34条 （休憩）
1. 使用者は、労働者に対して、毎週少なくとも1回の休日を与えなければならない。 2. 前項の規定は、4週間を通じ4日以上の休日を与える使用者については適用しない。	労基法第35条 （休日）

　労基法で定める1日とは、午前0時から午後12時までの暦日をいいます。また、1週間とは、起算日を決め、その起算日を含めた7日間の歴週をいいます。起算日を決めていない場合は、日曜日が起算日となり、この場合、土曜日までが1週間となります。

　4週間に4日以上の休日については、起算日を明らかにする必要がありますが、どの4週を区切っても4日の休日が必要というわけではありません。

94

10-3 労働時間とは

労働時間とは、使用者の指揮命令下に置かれる時間のことをいいます。使用者の指示（注）により労働者が業務に従事する時間は労働時間になります。

注）指示には、明示・黙示を問いません。

労働時間か否かは、客観的に個別具体的に判断されます。

労働時間		休憩時間
・使用者の指揮命令下にある時間	⬅➡	・労働から離れることが保障されている時間

労働時間に含まれる時間	労働時間に含まれない時間
・手待ち時間 ・着替えなどに要する時間 ・参加が強制されている時間 ・業務管理下にある移動時間	・出勤時刻から始業時刻までの時間 ・終業時刻から退勤時刻までの時間 ・定期健康診断に要する時間

昼休みの電話番や来客当番などの手待ち時間、作業服や制服の着替え、安全装備の着用などに要する時間（事業場において着替えること等が義務付けられている時間）、参加が強制されている時間（研修時間）、業務管理下にある移動時間（貴重品の運搬業務や客先から客先へ移動することが予め決まっている場合の移動時間）は労働時間に含まれます。

尚、特殊健康診断を除き、定期健康診断に要する時間は、労働者自身の健康管理であることから労働時間に含まれません。

また、使用者の指揮命令下に置かれていない出勤時刻から始業時刻までの時間や終業時刻から退勤時刻までの時間は、労働時間となりません。その際、必要以上に乖離がある場合は、実態での判断となります。

95

10. 労働時間規制の体系

10-4 休憩時間とは

　休憩時間は、1日の拘束時間の中で労働から離れることが約束された時間です。

　休憩時間といえるか否かは、自由に休息し得る環境にあるかどうかでの判断となります。

≪休憩時間≫

労働時間	休憩時間
6時間以内	決まり無し
6時間を超え、8時間以下の場合	少なくとも45分以上
8時間を超える場合	少なくとも1時間以上

3原則	例外
1 途中付与の原則 （労働時間の途中に付与すること）	——
2 一斉付与の原則 （一斉に付与すること）	◆一斉に付与しなくてよい
	労使協定があるとき
	◆一斉に付与しなくても差し支えない
	①坑内労働の場合 ②運輸交通業、商業、金融広告業、映画演劇業、通信業、保健衛生業、接客娯楽業、官公署の事業
3 自由利用の原則 （自由に利用させること）	◆自由に利用させなくても差し支えない
	①坑内労働をしている者、警察官、児童自立支援施設に勤務する職員で児童と起居をともにする者等 ②乳児院、児童養護施設及び障害児入所施設に勤務する職員で児童と起居をともにする者であって労基署長の許可を受けたもの等

96

休憩は労働の密度での判断ではないため、休憩時間には、待機時間等のいわゆる手待時間は含まれません。また、休憩時間は、労働と労働の間に挟むことで、その時間を確保しなければなりません。

　労基法では、休憩は8時間超の労働で1時間以上、6時間超で45分以上と定めています。よって、6時間ちょうどの場合は、休憩は不要で、8時間ちょうどの場合は45分で足りることになります。

　尚、休憩の付与にあたっては、前頁の3つの原則があります。

　途中付与の原則では、休憩は労働時間の途中に与える必要があります。

　よって、勤務時間の始めや終わりに与えるのでは休憩を付与したことにはなりません。

10-5 所定労働時間と法定労働時間

　労働時間には「所定労働時間」と「法定労働時間」があります。所定労働時間は、事業所が任意に定める労働時間です。休日には「所定休日」と「法定休日」があります。所定休日は、事業所が任意に定める休日です。

労働時間		休日	
法定労働時間	所定労働時間	法定休日	所定休日
労基法で定める労働時間	事業所が任意で定める労働時間	労基法で定める休日	事業所が任意で定める休日

　労働時間・休憩・休日は、労働条件通知の際の明示事項となります。

　実務では、一般に終業時刻を超えて働くこと（所定労働時間を超えて働くこと）を時間外労働、予め決まっていた休日に働くことを休日労働といい、所定労働時間を超える労働の有無については、使用者は予め労働者に明示する必要があります。

97

10. 労働時間規制の体系

10-6 時間外労働・休日労働の手続

　時間外労働や休日労働は、労働条件や契約によるところとなります。そのため、時間外労働及び休日労働は、労使間で締結する時間外労働及び休日労働に関する協定（労基法第36条に定める協定であることから「36協定」という）の締結・届け出なしに行うことはできません。時間外労働及び休日労働にあっては、協定した上限（時間数・日数）の範囲内での労働となります。

　時間外労働と休日労働については、割増賃金の支払いを罰則付きで義務付け、労働者の過半数代表者との労使協定の締結と労基署への届け出により、免罰的効力を発生させています。

使用者は、労使協定を締結し、これを行政官庁に届け出た場合においては、法定の労働時間又は法定の休日に関する規定にかかわらず、その協定で定めるところによって労働時間を延長し、又は休日に労働させることができる。	労基法第36条（時間外及び休日の労働）

尚、労基法は災害等、臨時の必要がある場合は時間外労働等を認めています。

災害その他避けることのできない事由によって、臨時の必要がある場合においては、使用者は、行政官庁の許可を受けて、その必要の限度において労働時間を延長し、又は休日に労働させることができる。但し、事態急迫のために行政官庁の許可を受ける暇がない場合においては、事後に遅滞なく届け出なければならない。	労基法第33条（災害等による臨時の必要がある場合の時間外労働等）

10-7 法定労働時間

　労基法では、法定労働時間は、休憩時間を除き1週間について40時間（特例措置対象事業場は週44時間）、1週間の各日については、休憩時間を除き1日については8時間とし、1日単位と週単位の両方から規制しています。よって、これを超える労働が法定時間外労働となります。

　尚、特例措置対象事業場とは、次に掲げる業種に該当する常時10人未満の労働者（注）を使用する事業場です。

注）個々の事業場の人数で、パート・アルバイトを含めます。

　特例措置対象事業場となるか否かは、保険関係成立状況や継続一括等、独立性から総合的な視点で判断されることになります。

≪特例措置対象事業場≫

商業	卸売業、小売業、理美容業、倉庫業、その他の商業
映画・演劇等	映画の映写、演劇、その他興業の事業
保健衛生業	病院、診療所、社会福祉施設、浴場業、その他の保健衛生業
接客娯楽業	旅館、飲食店、ゴルフ場、公園・遊園地、その他の接客娯楽業

	事業場	特例措置対象事業場
1日の法定労働時間	8時間	8時間
週の法定労働時間	40時間	44時間

99

10. 労働時間規制の体系

10-8 時間外労働の上限規制

　法定時間外労働については、勤務時間の上限が定められています。時間外労働の上限規制は次の通りです。

≪時間外労働の上限規制≫

時間外労働の上限	【原則】月 45 時間・年 360 時間（休日労働は含まない） 【例外】但し、月 45 時間超は年 6 回まで
臨時的な特別の事情	臨時的な特別の事情がある場合には、次の時間数が上限となります。 臨時的な特別の事情 ＋ 労使の合意 ＋ ① 時間外労働　　　　　　　：年 720 時間以内 ② 時間外労働＋休日労働：月 100 時間未満、 　　　　　　　　　　　　　　2～6 ヵ月平均 80 時間以内

■労働時間の管理

　時間管理は、タイムカードなどで記録するか、使用者が自ら現場で確認することによって、始業終業の時刻の確認・記録を行います。やむを得ず労働者からの自己申告によって時間管理をする場合は、使用者は長時間労働とならないよう労働者に対し十分な説明を行い、定期的に実態調査を行うなどし、過重な労働とならないよう留意する必要があります。

10-9 休日とは

　実務では、労働する義務のある日（就労義務日）を就労日、或いは出勤日といい、労働から離れて休む日のことを休日（就労義務の無い日）といいます。尚、予め決まっていた休日に働くことを休日労働といいます。休日にも所定休日と法定休日があります。

■法定休日

　労基法では、法定休日は1週間に1日以上または4週間で4日以上と定めています。尚、労基法上の1日は、午前0時から午後12時までの「暦日」をいい、休日は、連続24時間以上のいわゆる休息（例えば9時終業、翌9時始業）は含めず、暦日（午前0時から午後12時）を含むものでなければ、休日として扱わないことになっています。

　法定休日が1週間に1日ということは、最大12連続勤務が可能となります。尚、起算日を定めて運用する変形休日制では、4週間に4日の休日となります。

1週間							1週間						
日	月	火	水	木	金	土	日	月	火	水	木	金	土
休日	労働	労働	労働	労働	労働	労働	労働	労働	労働	労働	労働	労働	休日
	12連続勤務												

　よって、この日数が確保されずに働いた場合は、法定休日労働となります。

101

10. 労働時間規制の体系

10-10 時間外労働と休日の関係

　休日は、法定労働時間と表裏の関係に立ちます。法定労働時間である週40時間というのは、カレンダーのどの週においても週40時間という意味になります。これを超えた場合には、法定外労働となります。

　よって、1日8時間労働のシフト勤務で、労働日や休日を曜日で固定していない場合は、週2日の休日を入れてシフトを組むようにしなければなりません（完全週休2日制）。

　尚、完全週休2日制を取ることが困難な場合には、変形労働時間制やフレックスタイム制を検討します。

≪完全週休2日制≫

月	火	水	木	金	土	日	週合計
\[4月\]						
月	火	水	木	金	土	日	合計
1	2	3	4	5	6	7	休2日
出	出	休	出	出	休	出	出5日
8h	8h	---	8h	8h	---	8h	40時間
8	9	10	11	12	13	14	休2日
出	休	出	出	休	出	出	出5日
8h	---	8h	8h	---	8h	8h	40時間
15	16	17	18	19	20	21	休2日
休	出	出	休	出	出	出	出5日
---	8h	8h	---	8h	8h	8h	40時間
22	23	24	25	26	27	28	休2日
出	出	休	出	出	休	出	出5日
8h	8h	---	8h	8h	---	8h	40時間
29	30	1	2	3	4	5	休2日
出	休	出	出	休	出	出	出5日
8h	---	8h	8h	---	8h	8h	40時間

103

11. 様々な労働時間法制

11-1 様々な労働時間法制

労基法は、原則的な働き方を規定するだけでなく、変形労働時間制やフレックスタイム制、みなし時間制、裁量労働制など、様々な働き方を認めています。

労働時間規制	一般規制		原則	一般的な働き方	1日8時間、週40時間（法定労働時間）、1週間で1日以上の休日、6時間超で45分以上・8時間超で1時間以上の休憩
		弾力的労働時間規制	変形労働時間制	交替制勤務の場合や、季節等によって業務に繁閑の差がある場合	一定期間を平均して、法定労働時間の範囲内であれば、1日8時間、週40時間を超えて労働させることができる。
			フレックスタイム制	協定した労働時間の範囲内で、始業・終業時刻を労働者にゆだねる場合	一定期間の総労働時間を労使協定で定めれば、始業・終業時刻を労働者の自由にできる。
	特別規制	みなし時間規制	事業場外みなし労働時間制	事業場の外で労働する外回りの営業職等	所定労働時間または労使協定で定めた時間を労働したものとみなす。
			専門業務型裁量労働制	新商品や新技術の研究開発、情報処理システムの設計、コピーライター、新聞記者 等	労使協定で定めた時間を労働したものとみなす。
			企画業務型裁量労働制	事業の運営に関する事項についての企画、立案、調査及び分析の業務に従事する場合	労使委員会で決議した時間を労働したものとみなす。
		高度プロフェッショナル制度		金融商品の開発、ファンドマネージャー、トレーダー、証券アナリスト業務、コンサルタント業務、新技術、商品又は役務の研究開発業務に従事し、年収が1,075万円以上である者	労働時間、休憩、休日及び深夜の割増賃金に関する規定は適用除外となる。

104

11-2 変形労働時間制

変形労働時間制は、一定の条件を満たした場合に、一定期間を平均し、1週間当たりの労働時間が法定労働時間を超えない範囲内において、特定の日又は週に法定労働時間を超えて労働させることができる制度になります。

一定期間を1カ月以内としたものを1ヵ月単位の変形労働制、1ヵ月を越え1年以内とするものを1年単位の変形労働制といいます。

いずれも労働時間の短縮を目的とする制度です。

対象期間中の総労働時間 ÷ 週数 ＝ 1週間の平均労働時間 ≦ 40時間
※週数 ＝ 対象期間の歴日数 ÷ 7日

1ヵ月単位の変形労働時間制を採用するには、労使協定又は就業規則等に定めること、1年単位の変形労働時間制を導入するには、労使協定を締結し、労基署に届け出る必要があります。

手続きが取られていない場合は、各週で労働時間が判定され、超過している場合は時間外労働となり、割増賃金支払いの対象になります。

	1ヵ月単位	1年単位
制度	1ヵ月以内の期間を平均して、法定労働時間を超えない範囲で、特定の日・週で法定労働時間を超えて労働させることができる制度	1ヵ月を超え、1年以内の期間を平均して、法定労働時間を超えない範囲で、特定の日・週で法定労働時間を超えて労働させることができる制度
手続	対象期間における各日・週の労働時間等を定めた労使協定または就業規則による（労使協定の場合は労基署へ届出が必要）	対象期間における労働日、労働日ごとの労働時間数等を定めた労使協定による（労使協定は労基署へ届出が必要）

105

11. 様々な労働時間法制

11-3 勤務予定表の作成

　変形労働時間制は、労働時間に上限があるため、実務では一般に休日数を決めた上でシフト組みをします。労働時間と休日は表裏の関係にあります。そのため、1日の労働時間の設定が短かければ稼働日数は増え（休日は少なくなる）、長ければ稼働日数は少なく（休日は多くなる）なります。尚、変形労働時間制は、季節や一定の期間を通して繁閑がある事業や24時間体制の交代制勤務などに導入されています。

例1) 勤務区分の全てが8時間/日の場合：1カ月単位の変形労働時間制
【21日労働・9日休・168時間】

4月							週
月	火	水	木	金	土	日	合計
1	2	3	4	5	6	7	休2日
出	出	休	出	出	休	出	出5日
8h	8h	---	8h	8h	---	8h	40時間
8	9	10	11	12	13	14	休2日
出	休	出	出	休	出	出	出5日
8h	---	8h	8h	---	8h	8h	40時間
15	16	17	18	19	20	21	休1日
出	出	出	休	出	出	出	出6日
8h	8h	8h	---	8h	8h	8h	48時間
22	23	24	25	26	27	28	休3日
休	出	出	休	出	出	休	出4日
---	8h	8h	---	8h	8h	---	32時間
29	30						休1日
出	休						出1日
8h	---						8時間

106

例2）勤務区分：6時間(a)、8時間、10時間(b)/日の場合：1カ月単位の変形労働時間制
【21日労働・9日休・168時間】

4月							週
月	火	水	木	金	土	日	合計
1	2	3	4	5	6	7	休2日
出	出b	休	出	出a	休	出	出5日
8h	10h	---	8h	6h	---	8h	40時間
8	9	10	11	12	13	14	休2日
出b	休	出	出a	休	出	出	出5日
10h	---	8h	6h	---	8h	8h	40時間
15	16	17	18	19	20	21	休1日
出	出b	出	休	出a	出	出	出6日
8h	10h	8h	---	6h	8h	8h	48時間
22	23	24	25	26	27	28	休3日
休	出b	出	休	出a	出	休	出4日
---	10h	8h	---	6h	8h	---	32時間
29	30						休1日
出	休						出1日
8h	---						8時間

11-4 労働時間の上限規制

　変形労働時間制では、法定労働時間の総枠の範囲内で、労働日・労働時間を特定する必要があります。法定労働時間の総枠（上限労働時間）は次頁の通りです。

11. 様々な労働時間法制

≪１カ月単位の変形労働時間制における労働時間の上限規制≫

	週40時間の場合	特例措置対象事業場（週44時間）
31日の月	177.1時間 （31日÷7日×40時間）	194.8時間 （31日÷7日×44時間）
30日の月	171.4時間 （30日÷7日×40時間）	188.5時間 （30日÷7日×44時間）
29日の月	165.7時間 （29日÷7日×40時間）	182.2時間 （29日÷7日×44時間）
28日の月	160.7時間 （28日÷7日×40時間）	176.0時間 （29日÷7日×44時間）

　労働時間には上限があるため、勤務予定表の作成（シフト組）においては、休日の入れ方が重要になります。次の例3）のシフト組みは、上限労働時間オーバーとなるため、組み直しが必要となります。

例3）１カ月変形、30日の月で１日８時間、22日稼働（月８日休）のとき…×

4月							週
月	火	水	木	金	土	日	合計
1	2	3	4	5	6	7	休2日
出	出	休	出	出	休	出	出5日
8h	8h	---	8h	8h	---	8h	40時間
8	9	10	11	12	13	14	休2日
出	休	出	出	休	出	出	出5日
8h	---	8h	8h	---	8h	8h	40時間
15	16	17	18	19	20	21	休1日
出	出	出	休	出	出	出	出6日
8h	8h	8h	---	8h	8h	8h	48時間
22	23	24	25	26	27	28	休3日
休	出	出	休	出	出	休	出4日
---	8h	8h	---	8h	8h	---	32時間
29	30						休0日
出	出						出2日
8h	8h						16時間

【8日休】→×（22日・176時間）　　　【9日休】→○（21日・168時間）

≪1年単位の変形労働時間制における労働時間の上限規制≫

　1年間の場合は、2085.7時間となります。尚、特例措置対象事業場が変形労働時間制を導入する場合で対象期間を、1ヵ月を超えて設定する場合は、週平均は44時間ではなく、週40時間となります。

$$365 日 ÷ 7 日 × 40 時間 = 2085.7 時間$$

変形期間	平均した1週間あたりの労働時間	40時間以内
	年間の所定の労働時間の上限	2085.7時間（365日の場合）
労働時間の限度	1日10時間、1週52時間	
	【変形期間が3ヵ月を超える場合】 ① 労働時間が48時間を超える週が連続する場合の週数が3以下であること ② 変形期間をその初日から3ヵ月ごとに区分した各期間において、労働時間が48時間を超える週の初日の数が3以下であること	
労働日数の限度	変形期間が3ヵ月を超える場合	1年当たり280日
連続して労働する日数	原則、最長6日まで	

11. 様々な労働時間法制

11-5 フレックスタイム制

　フレックスタイム制は、一定の期間についてあらかじめ定めた総労働時間の範囲内で、労働者が日々の始業・終業時刻、労働時間を自ら決める制度をいいます。

	フレックスタイム制
制度	労働者が各日の始業、終業の時刻を自らの意思で決めて働く制度 （3ヵ月以内の一定期間（清算期間）・総労働時間を定め、その枠内で働く制度）
手続	①就業規則に、フレックスタイム制を導入する旨を規定 ②労使協定により対象とする労働者の範囲、清算期間、清算期間中の総労働時間等を規定

　フレックスタイム制は、ライフスタイルの変化、価値観の多様化によって制度化された労働時間法制になります。この制度は、労働者の自主自律を前提とします。よって、効率的な働き方が求められます。

フレキシブルタイム	コアタイム	休憩	コアタイム	フレキシブルタイム
出社時間帯 労働者が始業時刻を自由に決定することができる時間帯	就労義務のある時間帯	休憩	就労義務のある時間帯	退社時間帯 労働者が終業時刻を自由に決定することができる時間帯

　※フレキシブルタイム・コアタイムは、設定しなくても可能で、コアタイムを設定しないことで、就労義務日を無くすこともできます。

　時間外労働は、清算期間における法定労働時間の総枠を超えた時間での判断となります。そのため、1日8時間、1週40時間という法定労働時間を超えて労働しても、ただちに時間外労働とはならず、また、1日の標準の労働時間に達しない時間も欠勤となるわけではありません。よって、自分で業務の進捗管理や時間管理ができる労働者に適用されることの多い制度になります。尚、フレックスタイム制を導入する場合は、就業規則等への規定と労使協定の締結が必要となります。

■ 110

≪**労使協定に定める事項**≫

①フレックスタイム制を適用する労働者の範囲

②清算期間（3ヵ月以内の期間）及びその起算日

③清算期間における総労働時間

④標準となる1日の労働時間

⑤コアタイムを定める場合は、その開始及び終了の時刻

⑥フレキシブルタイムに制限を設ける場合には、その開始及び終了の時刻

⑦清算期間が1ヵ月を超える場合は労使協定の有効期間の定め

11-6 事業場外みなし労働時間制

　事業場外みなし労働時間制とは、労働者が労働時間の全部又は一部について事業場外で業務に従事した場合において、労働時間を算定しがたいときは、原則、所定労働時間労働したものとしてみなす制度です。

　但し、その業務を遂行するために必要となる時間が、通常、所定労働時間を超える場合は、「業務の遂行に通常必要とされる時間」労働したものとみなすことになります。この場合、労使協定があるときは、その協定で定める時間が、その「業務の遂行に通常必要とされる時間」となります。

　事業場外みなし労働時間制が適用されるのは、あくまでも「労働時間が算定しがたいとき」です。よって、事業場外労働であっても、労働時間の把握ができる場合は、みなし労働時間法制は適用されず、実労働時間での判断となります。

	事業場外みなし労働時間制
制度	労働者が、労働時間の全部または一部について事業場外で業務に従事した場合において、労働時間の算定が困難なとき所定労働時間労働したものとみなす制度
手続	労使協定不要

111

11. 様々な労働時間法制

11-7 裁量労働制

　裁量労働制とは、労働時間で計ることが難しい業務に就く者、一律的な時間管理がなじまない業務について、必要な手続きをした場合に、労使で決めた時間、労働したものとしてみなす制度です。

　裁量労働制は2つあります。どちらも厳格な運用が求められます。

	専門業務型裁量労働制	企画業務型裁量労働制
制度	法で定める専門業務に限り、労使協定を締結することで、労使であらかじめ定めた時間、働いたものとみなす制度	企画・立案・調査・分析を行う労働者に対し、労使委員会を組織し、その労使委員会で決議し、対象労働者の同意を経た場合に、その決議で定めた時間、労働したものとみなす制度
手続	労使協定において、以下の事項を定め、本人同意を得た上で(更に、同意の撤回の手続きを定める)、労基署へ届出 ・その事業場で対象とする業務 ・みなし労働時間 ・対象労働者の健康・福祉確保措置 ・対象労働者の苦情処理措置	労使委員会を設置し、以下の事項を決議(4/5以上の多数決)し、本人同意を得た上で(更に、同意の撤回の手続きを定める)、労基署へ届出 ・その事業場で対象とする業務 ・対象労働者の範囲 ・みなし労働時間 ・対象労働者の健康・福祉確保措置 ・対象労働の苦情処理措置 ・本人同意を得ること及び不同意の労働者に対する不利益取扱いの禁止 等 ・労使委員会に賃金・評価制度を説明する ・労使委員会は制度の実施状況の把握と運用改善を行う(労使委員会は6ヵ月以内ごとに1回開催する) ・定期報告する(初回6ヵ月に1回、1年以内毎に1回)

112

専門業務型裁量労働制の対象業務は、次の業務になります。

① 新商品若しくは新技術の研究開発又は人文科学若しくは自然科学に関する研究の業務

② 情報処理システムの分析又は設計の業務

③ 新聞若しくは出版の事業における記事の取材若しくは編集の業務又は放送番組の製作のための取材若しくは編集の業務

④ 衣服、室内装飾、工業製品、広告等の新たなデザインの考案の業務

⑤ 放送番組、映画等の制作の事業におけるプロデューサー又はディレクターの業務

⑥ その他、厚生労働大臣の指定する業務

11-8 高度プロフェッショナル人材

（労基法 41 条の 2）

適用が除外される高度プロフェッショナル人材は、特定高度専門業務・成果型労働の対象労働者です。適用が除外されるのは労働時間、休憩、休日、深夜の割増賃金の規定になります。適用除外にあたっては、労使委員会の設置、本人同意、労基署への届け出など、厳格な運用が求められます。

対象労働者の範囲（主なもの）
使用者から確実に支払われると見込まれる 1 年間当たりの賃金の額が少なくとも 1,075 万円以上であること
対象業務の範囲
① 金融工学等の知識を用いて行う金融商品の開発の業務 ② 資産運用（指図を含む。以下同じ。）の業務又は有価証券の売買その他の取引の業務のうち、投資判断に基づく資産運用の業務、投資判断に基づく資産運用として行う有価証券の売買その他の取引の業務又は投資判断に基づき自己の計算において行う有価証券の売買その他の取引の業務 ③ 有価証券市場における相場等の動向又は有価証券の価値等の分析、評価又はこれに基づく投資に関する助言の業務 ④ 顧客の事業の運営に関する重要な事項についての調査又は分析及びこれに基づく当該事項に関する考案又は助言の業務 ⑤ 新たな技術、商品又は役務の研究開発の業務

11. 様々な労働時間法制

11-9 時間管理から業績管理へ

　テレワークや時差出勤、フレックスタイム制や自己申告制等が広がり、時間管理はこれまでの懲罰型管理から労働者主体の「自主・自律」の管理方法へとシフトしています。
　この自主・自律の働き方は、拘束としての労働から開放される一方で、仕事そのものに関心が移り、成果や生産性がより重視されるようになっています（注）。※→ 198 ページ

注）これを「業績管理」といいます。

12. 労基法の適用除外

12-1 労基法の適用除外

労働基準法では、労働時間、休憩及び休日に関する規定（法規制）を適用しない適用除外者を定めています。適用が除外される対象は、41条該当者と高度プロフェッショナル人材です。

41条該当者	高度プロフェッショナル人材
・労働時間 ・休憩 ・休日	・労働時間 ・休憩 ・休日 ・深夜

12-2 労基法第41条の適用除外者

（41条該当者）

労基法第41条に定める適用除外者（41条該当者）は次のとおりです。

≪労基法第41条に定める適用除外者（41条該当者）≫
労働時間、休憩及び休日に関する規定は、次の労働者には適用しない。
①農業又は水産・養蚕・畜産業に従事する者
②事業の種類に関わらず監督若しくは管理の地位にある者又は機密の事務を取り扱う者
③監視又は断続的労働に従事する者で、使用者が行政官庁の許可を受けたもの

労働基準法第41条で適用が除外されるのは労働時間、休憩、休日の規定に

115

12. 労基法の適用除外

なります。

　よって、労働時間に関する法規制だけでなく、休憩、休日の付与、時間外労働に対する割増賃金の支払いも適用されません。但し、適用除外であっても、深夜業の規定（深夜業の割増賃金の支払い義務あり）、年次有給休暇の規定は適用除外とはなっていないので注意が必要です。

12-3 管理監督者

　前項の 12-2 の②の監督若しくは管理の地位にある者とは、経営者と一体的な立場にある者のことをいいます。現実の勤務態様が労働時間・休憩、休日の規定の適用が馴染まない場合は、この者を労働時間等の規制の適用除外者（監督若しくは管理の地位にある者）として位置づけています。

　この適用除外は、役付者（部長や課長といった職位につく人）であれば全てが労基法で定める管理監督者となる訳ではありません。

　その判断は、役職の名称や資格（経験や能力に基づく格付け）にとらわれず、職務内容、責任と権限、勤務態様等の実態に即して判断すべきものとされています。

　よって、重要な職務と責任を有し、現実の勤務態様も、労働時間等の規制になじまないような働き方であって、その判定にあたっては、その地位にふさわしい待遇がなされているなど、賃金等の待遇面においても、一般労働者に比して優遇措置が講じられているという点も重要な判断要素となっています。

13. 年次有給休暇

13-1 年次有給休暇

　年次有給休暇は、正社員、パートタイム労働者など、業種や職種、契約内容にかかわらず、一定の要件を満たした労働者に対して付与される休暇です。年次有給休暇が付与される要件は次の2つです。

- **雇い入れの日から6ヵ月経過していること**
- **その期間の全労働日の8割以上出勤していること（出勤率）**

≪出勤率の算定≫

　出勤した日数 ÷ 全労働日 × 100 ＝ 出勤率

　全労働日とは、「就労義務のある日」のことになります。尚、全労働日のカウントと出勤率の算定には、次の取扱いがあります。

全労働日 （全労働日に含めない日）	出勤率の算定 （出勤した日としてみなす日）
・所定休日に労働した場合の所定休日労働日 ・使用者の責めに帰すべき事由により休業した日 ・正当な労働争議により労働の提供がされなかった日	・業務上の疾病等により療養のために休業した日 ・産前産後休業日 ・育児介護休業日 ・年次有給休暇を取得した日

13-2 年次有給休暇の付与日数

　年次有給休暇は、最初に付与された日から1年が経過した日（雇入れ日から1年6ヵ月経過した日）において、出勤率が8割以上ある場合に、次の年次有給休暇が付与されます。以後、同様の要件で付与されることになります。

117

13. 年次有給休暇

■週30時間以上勤務する労働者の年次有給休暇 ◇◇◇◇◇◇◇◇

　年次有給休暇は、週所定労働時間が30時間以上、所定労働日数が週5日以上の労働者、又は1年間の所定労働日数が217日以上の労働者に、次の日数が付与されます。

≪表1≫

週所定労働時間	週所定労働日数	1年間の所定労働日数	雇入れの日から起算した勤続期間	付与される休暇の日数
30時間以上	5日以上	217日以上	6ヵ月	10労働日
			1年6ヵ月	11労働日
			2年6ヵ月	12労働日
			3年6ヵ月	14労働日
			4年6ヵ月	16労働日
			5年6ヵ月	18労働日
			6年6ヵ月以上	20労働日

■継続勤務

　継続勤務とは、在籍期間のことであり、勤務期間が通算される期間をいいます。パートから正社員、正社員から嘱託等、契約形態が変わった場合も、労働契約が実質的に継続している場合は、継続勤務として取り扱います。

　企業再編では、会社が解散し、新会社に労働契約が承継された場合は、継続勤務として取り扱います。

　尚、派遣元から派遣先へ労働契約が変わる紹介予定派遣等については、継続勤務として取り扱わなくても良いとされています。

■所定労働日数が少ない労働者の年次有給休暇

　パートタイム労働者など、所定労働日数が少ない労働者には、比例して次の日数が付与されます。これを「比例付与」といいます。具体的には、週所定労働時間が30時間未満、且つ、週所定労働日数が4日以下、又は1年間の所定労働日数が48日から216日までの労働者です。

≪表2≫

週所定 労働時間	週所定 労働日数	1年間の 所定労働 日数	雇入れ日から起算した継続勤務期間（単位：年）						
			0.5	1.5	2.5	3.5	4.5	5.5	6.5以上
30時間 未満	4日	169~216日	7	8	9	10	12	13	15
	3日	121~168日	5	6	6	8	9	10	11
	2日	73~120日	3	4	4	5	6	6	7
	1日	48~ 72日	1	2	2	2	3	3	3

13. 年次有給休暇

■年次有給休暇中の賃金 ◇◇◇◇◇◇◇◇◇◇◇◇◇◇◇◇◇◇

　年次有給休暇は、休暇（すなわち日数）の付与であることから、法律で付与された日数が取得できなかった場合は、買い取ることができないのですが、時給者や日給者の場合は、休暇が「有給」になることから、その取得にあたっては、取得した分のお金を支払うことになります。

　有給休暇を取得した日の賃金は就業規則等で定めるところにより、次のいずれかの方法により計算します。

① 平均賃金（過去３ヵ月間における１日あたりの賃金）
② 通常の賃金（所定労働時間労働した場合に支払われる通常の賃金）
③ 標準報酬日額（健康保険法）

※ １日の労働時間が一定でない場合は①の方法、一定している場合は②の方法をとることが多いです。③については労使協定で定める必要があります。

■所定労働日数が変更された場合の取扱い ◇◇◇◇◇◇◇◇

　所定労働日数が変更された場合は、権利発生日時点での契約条件で見る事になります（注）。

　週３日の勤務から週５日の勤務になった場合は前頁の≪表１≫の取扱いとなり、反対に週５日の勤務から週３日の勤務になった場合は≪表２（比例付与）≫の取扱いになります。

注）権利発生日の契約条件から付与日数が決まります。

■勤務時間が変更になった場合の取扱い ◇◇◇◇◇◇◇◇◇

　年次有給休暇は、休暇取得日の契約条件で見る事になります（注）。１日３時間の勤務から１日６時間の勤務になった場合は、６時間分の付与（賃金支払い）となり、反対に１日６時間の勤務から１日３時間の勤務になった場合は、３時間分の付与（賃金支払い）となります。

注）年次有給休暇は「日」で付与されるため、取得する日の時間数分の賃金となります。

13-3 年次有給休暇の取得ルール

　年次有給休暇は、労働者が請求する時季に与えなければなりません。但し、労働者が請求した時季に休暇を取得することが事業の正常な運営を妨げる場合は、使用者は、他の時季にその取得時季を変更（これを「時季変更権」といいます）することができます。

　尚、年10日以上、年次有給休暇が付与される労働者で5日以上取得している人以外の人については、年5日は使用者が時季を指定して取得させることが必要になります。

　年次有給休暇が取得できる日は、就労日（就労義務のある日）で、発生の日から2年間で時効により消滅します。尚、時効の起算日は、前倒し付与の場合を含め「付与された日」になります。

■年次有給休暇の計画的付与 ◇◇◇◇◇◇◇◇◇◇◇◇◇◇◇◇◇◇◇

　年次有給休暇には、その付与を計画的に行う「計画的付与」制度があります。この計画的付与は、取得率の向上を目的とし、付与される日数のうち、5日を超える部分については、労使協定を結ぶことにより、休暇取得日を計画的に割り振ることができます。

■年次有給休暇の時間単位付与 ◇◇◇◇◇◇◇◇◇◇◇◇◇◇◇◇◇◇

　年次有給休暇は、原則「日」単位での取得ですが、労使協定を結べば、1年間で5日を上限に時間単位で取得することができます。これを「時間単位年休」といいます。

■年次有給休暇と退職日との関係 ◇◇◇◇◇◇◇◇◇◇◇◇◇◇◇◇◇

　年次有給休暇は、退職日を超えて請求することはできません。年次有給休暇は、本来の就労義務日に取得することができる制度であるため、退職日をもって年次有給休暇は消滅する事になります。

13. 年次有給休暇

30日前（有休残日数20日＋有休請求）

20日取得

30日前（有休残日数20日）

5日取得（15日分消滅）

■有休の買取り ◇◇◇◇◇◇◇◇◇◇◇◇◇◇◇◇◇◇◇◇◇◇◇◇◇◇◇◇

　年次有給休暇は、基準日に付与され、取得は本来の就労義務日に本人からの請求によって取得できるものになります。そのため、原則、買取りはできません。退職についても、退職日を超えて請求することはできず、退職日をもって消滅します。

　使用者側からの買取りについては、立法の趣旨に反するため（法規定がザル化するため）認められていません。これを認めると、取得させずに全て買い取ることが可能になるからです。よって、労働者側からの買取り請求に、使用者は応ずる義務はありません。但し、時効等によって消滅する分を労働者の意向に応ずる（買い取る）ことについては、可能となります（労働者の請求に応ずる義務まではないが、応じても良い）。

14. 賃金

14-1 賃金

　賃金とは、労働契約上の労働者の役務（労務）提供に対する対価になります。これを労働基準法では「労働の対償」といいます。労働の対償は、働いたら働いた分の賃金が支払われることを意味します。

　尚、実務では、契約に基づき労務の提供が無い場合（働いていない場合）は支払われないとする「ノーワーク・ノーペイ」を原則としています。

雇用は、当事者の一方が相手方に対して労働に従事することを約し、相手方がこれに対してその報酬を与えることを約することによって、その効力を生ずる。	民法623条（雇用）
労働者は、その約した労働を終わった後でなければ、報酬を請求することができない。期間によって定めた報酬は、その期間を経過した後に、請求することができる。	民法624条（報酬の支払時期）

≪ノーワーク・ノーペイの原則≫　★働かなければ支払われない

	会社	従業員
原則	役務の提供を受けていない	賃金は支払われない
例外	使用者の責めに帰すべき事由による休業	休業手当の支払い（平均賃金60%以上）
	年次有給休暇の取得	就労義務日に働かなくてもよい（就労した日とみなされる）。時給者は、年次有給休暇を取得した分の賃金が支払われる。
	就労義務違反に対する懲罰	減給の制裁

123

14. 賃金

14-2 労基法上の賃金

労働基準法では、賃金を次のように定義しています。

賃金とは、賃金、給料、手当、賞与その他名称の如何を問わず、労働の対償として使用者が労働者に支払うすべてのものをいう。	労基法第11条 （賃金）

賃金か否かについての大まかな区分は、次のようになります。

		賃金になるもの	賃金にならないもの
労働基準法	金銭・現物で支給されるもの	労働の対償として使用者から支払われるもの 支給条件が明確な祝金・見舞金 など	現物給付（住宅の貸与、食事の供与、制服の支給、作業用品の支給）、休業補償、出張旅費、宿泊費、生命保険料の補助、財産形成貯蓄奨励金、ストックオプションの利益、解雇予告手当、客から直接労働者が受け取るチップ など

尚、労働社会保険の実務では、次の取り扱いとなります。

		賃金に含めるもの	賃金に含めないもの
雇用保険	金銭・現物で支給されるもの	基本給、役職手当、職務手当、営業手当、住宅手当、家族手当、時間外労働手当、精皆勤手当、宿日直手当、歩合手当、通勤定期代、回数券、食事、食券、社宅、寮、被服（業務以外のもの）、自社製品、商品、労働の対償として使用者が労働者に支払うすべてのもの など	結婚祝金、災害見舞金、死亡弔慰金など恩恵的なもの、役員報酬 など

124

		報酬となるもの	報酬とならないもの
社会保険	金銭で支給されるもの	基本給（月給・週給・日給など）、能率給、奨励給、役付手当、職階手当、特別勤務手当、勤務地手当、物価手当、日直手当、宿直手当、家族手当、扶養手当、休職手当、通勤手当、住宅手当、別居手当、早出残業手当、継続支給する見舞金、年4回以上の賞与、役員報酬　など	大入袋、見舞金、解雇予告手当、退職手当、出張旅費、交際費、慶弔費、傷病手当金、労災保険の休業補償給付、年3回以下の賞与　など
	現物で支給されるもの	通勤定期券、回数券、食事、食券、社宅、寮、被服（勤務服でないもの）、自社製品　など	制服、作業着（業務に要するもの）、見舞品、食事（本人の負担額が、厚生労働大臣が定める価額により算定した額の2／3以上の場合）　など

14-3 賃金支払いの5原則

　賃金は労働者にとって、生活をしていくための唯一のものであり、必要不可欠なものです。賃金の支払日が決まっていなかったり、支払期日の間隔が開きすぎていたりすると、生活の基盤をゆるがしかねません。そのため、労基法は賃金の支払を (1) 通貨で、(2) 直接労働者に、(3) 全額を、(4) 毎月1回以上、(5) 一定の期日を定めて支払わなければならないと定めています（労基法第24条）。

≪賃金支払いの5原則≫

(1) 通貨払いの原則

　賃金は、原則として通貨（お金）で支払わなければなりません。但し、労働者の同意を得た場合には、労働者が指定する銀行、郵便局等の金融機関に対する労働者の預金もしくは貯金への振込み、または労働者が指定する証券会社に対するその労働者の預り金（所定の要件を満たすものに限られる）への

125

14. 賃金

払込みによってもすることができます。通貨払の原則とは、価格が不明瞭なもの、換価が不便なもの、弊害を招くおそれが多いものなど、実物給与や現物給与を禁じたものとなっています。

(2) 直接払いの原則

賃金は、原則として直接本人に支払わなければならなりません。直接払の原則は、中間搾取を排除することを目的とし、役務の提供者たる労働者本人の手に直接支払うことを意味します。よって、賃金は労働者の代理人や貸金債権の譲渡人等に対しては支払ってはならず、仮に支払ったとしても労働基準法上は支払っていないことになり、請求された場合には改めてその労働者に対して賃金を支払わなければなりません。但し、本人が病気であるときなど、本人に支払うのと同じ効果を生ずる者（配偶者や子等）に対して支払う場合には、この者（使者）に支払っても差し支えないとしています。尚、未成年者については、独立して賃金を請求することができ、親権者又は後見人は、賃金をその者に替わって受け取ってはならないとしています。

(3) 全額払いの原則

賃金は、原則としてその全額を支払わなければなりません。賃金の支払いを一部留保することによって、労働者の足止めを封じることを目的とし、労働の対価を労働者に帰属させ、その控除を禁じるものとなっています。但し、公益上必要があるもの（所得税の源泉徴収、健康保険料・厚生年金保険料・雇用保険料の控除、市町村民税（都道府県民税を含む）の特別徴収）は、例外として賃金の一部を控除することができるとしています。また、事理明白なものについては、例外とした方が手続の簡素化につながるほか、実情にも合うことから、使用者と労働者代表が取り交わす書面による協定（労使協定）を締結することにより、購買代金、社宅、寮その他の福利厚生のための費用、社内預金、組合費等の明確なものについては、賃金から控除することができるとしています。よって、この労使協定無くして控除した費用等は、返還請求の対象となります。尚、振込手数料は、基本的には口座に振込む際には差し引くことはできません。但し、本来月給制で本人が週給払いを希望した場合などに、都度かかる振込手数料は本人負担であってもかまわないとされています。

(4) 毎月1回以上払いの原則

賃金は、原則として毎月一回以上支払わなければなりません。毎月1回以上であれば、2回であっても3回であっても問題ありません。毎月払の原則は、賃金支払いの間隔が開き過ぎることによる生活上の不安を取り除くことを目的としています。よって、賃金の支払いを2ヵ月に1回などとすることは労働者の生活が不安定になるため、認められていません。尚、賃金の締め日と支払日の関係で、賃金を翌月に支払う場合は、それが、以後、毎月支払われることとなるのであるならば、問題ないとされています。また、通勤定期代として6ヵ月分の購入費用を6ヵ月毎に支給する場合は、6ヵ月毎の支払いであったとしても、定期的に支払われるのであるならば問題ありません。但し、この場合の社会保険料の標準報酬などの算出にあたっては、6で割って均さなければなりません。尚、賃金の支払いで月末締めの当月25日払いの月給者の時間外労働の算出にあたって、その時間外労働については、月末締めの翌月25日払いとすることは問題ないとされています。

(5) 一定期日払いの原則

賃金は、原則として一定の期日を定めて支払わなければなりません。賃金の所定の支払日が休日に当たる場合には、その前日に支払うこととしても、翌日に支払うこととしても差し支えありませんが、予めいつにしておくのか、定めておく必要があります。一定期日払の原則は、支払いの間隔が一定しないこと、すなわち支払い日が不安定になることで、労働者の計画的な生活ができなくなることから、これを防ぐ目的で定められています。尚、年俸制の場合においても、毎月一回以上、一定の期日を定めて支払わなければなりません。但し、以下の賃金等については毎月一回以上、一定の期日を定めて支払わなくともよいとされています。

(ア) 臨時に支払われる賃金

(イ) 賞与

(ウ) 1ヵ月を超える期間の出勤成績によって支給される精勤手当

(エ) 1ヵ月を超える一定期間の継続勤務に対して支給される勤続手当

(オ) 1ヵ月を超える期間にわたる事由によって算定される奨励加給または能率手当

14. 賃金

14-4 基本給と手当

基本給と手当、これらは労基法で定める賃金に位置づけられています。賃金体系や各支給項目は、会社が任意に、また独自に決めることができます。労働実務では、就業規則や賃金規程に給与体系を規定し、割増賃金の計算方法を明記します。

■基本給等 ◇◇◇◇◇◇◇◇◇◇◇◇◇◇◇◇◇◇◇◇◇◇◇◇◇◇◇◇◇◇

基本給等の基準内賃金は、労働者の生活の基盤となる賃金で、一般に生活給として位置づけられています。

基準内賃金は、法律用語ではなく、一般に所定労働に対して支給する賃金の総称として用いられ、年齢給、勤続給、職務給、役割給、職能給などがあります。基準外賃金は、それ以外の賃金となります。

≪基準内賃金（例）≫

基準内賃金	基本給	年齢給	年齢に応じて決まる賃金
		勤続給	勤続年数や経験年数に応じて決まる賃金
	職能給		職務遂行能力に応じて支給される賃金（職能資格制度で運用）
	職務給		職務に応じて支給される賃金（同一職務同一賃金がベース）
	役割給		役割に応じて支給される賃金

■様々な手当

手当は、会社が任意に決めることができます。手当は、就業規則や賃金規程等に記載します。以下は、一般的な手当の例です。

≪一般的な手当（例）≫

役職手当	役職（職位）に応じて支給される手当
業務手当	業務に対して支給される手当
営業手当	外回りの営業職に対して支給される手当
資格手当	資格に応じて支給される手当
家族手当	扶養家族の人数に応じて支給される手当
住宅手当	住宅に要する費用に応じて支給される手当
通勤手当	通勤に要する費用として支給される手当
夜勤手当	夜勤を行った回数に応じて支給される手当
早番・遅番手当	早番勤務や遅番勤務で支給される手当
宿直手当	宿直を行った回数に応じて支給される手当
精皆勤手当	勤怠に対して支給される手当
年末年始手当	年末年始に勤務した場合に支給される手当
時間外労働手当	所定労働時間を超える労働に対して支給される手当
深夜労働手当	深夜（22時～翌5時）に及ぶ労働に対して支給される手当
休日労働手当	法定休日の労働に対して支給される手当

14. 賃金

14-5 平均賃金

平均賃金とは、労働基準法で定める計算方法で求めた1日あたりの賃金額のことになります。平均賃金は次の場面で用います。

≪平均賃金を用いる場面≫

解雇予告手当	平均賃金の30日分以上（労基法第20条）
休業手当	1日につき平均賃金の6割以上（労基法第26条）
	使用者の責めに帰すべき事由により労働者を休業させた場合には、使用者は、その休業期間中、平均賃金の60％以上の休業手当を労働者に支払わなければならない。
年次有給休暇	平均賃金で支払う場合（労基法第39条）
業務上・通勤上の災害	給付基礎日額（労基法、労災保険法）
減給の制裁	1回の額は平均賃金の半額、複数回に及ぶ場合は賃金総額の1割を上限とする（労基法第91条）

平均賃金は、平均賃金を用いる事由が発生した日以前（注）（事由発生日の直前の賃金締切日）3ヵ月間に、その労働者に支払われた賃金の総額（賞与や臨時に支払われる賃金を除く）をその期間の日数（歴日数）で除した額で、1日あたりの賃金額になります。

尚、賃金が時給や日額、出来高給で決められているなど、労働日数が少ない場合には、総額を労働日数で除した6割にあたる額と比べ、その比した額が高い場合はその額を用います（最低保障額）。

注）算定事由の発生した日は含まず、その前日から遡る3ヵ月間です。

14-6 最低賃金

　賃金は、ノーワーク・ノーペイの原則に基づき、労働の提供に対して支払われますが、国は賃金の最低限度を最低賃金法で定め、使用者は、その最低賃金額以上の賃金を支払わなければならないとしています（注）。

　よって、給与計算の実務では、労働した時間に対して、最低賃金法で定める金額以上の額が支払われているかを確認する必要があります。

　日給や月給、年俸制、完全歩合給も、すべて時給に換算します。尚、最低賃金額より低い賃金額で労使双方が合意しても、無効になります。

注) 最低賃金額未満で合意があったとしても法律上は無効となります。この場合、最低賃金額以上の賃金を支払う必要があります。尚、最低賃金法は、重い罰則 (50万円以下の罰金等) があります。

≪時給換算の仕方≫

時給	時間によって定められた賃金については、その額（時給）
日給	日によって定められた賃金については、その額（日給）を1日の所定労働時間数で割った額
月給	月によって定められた賃金については、その額（月給）を月の所定労働時間数で割った額
歩合給	出来高払制その他の請負制によって定められた賃金については、一賃金計算期間における賃金総額を、その賃金算定期間における総労働時間数で割った額

14-7 賃金の請求権

　賃金の請求権は、労基法の時効によるところとなります。賃金請求権は、これを行使することができる時から5年間行わない場合においては、時効によって消滅するとしています（労基法第115条）（注）。

注) 当分の間3年（退職手当を除く）

131

15. 割増賃金

15-1 割増賃金

時間外・休日及び深夜労働の割増賃金については、次の取り扱いとなります。

時間外、休日及び深夜労働の割増賃金	使用者は、時間外又は深夜（午後10時から午前5時まで）に労働させた場合は、通常の賃金の2割5分以上の割増賃金（注）、休日労働の場合は通常の賃金の3割5分以上の割増賃金を支払わなければならない。 （注）1ヵ月60時間を超える時間外労働については、通常の賃金の5割以上。

　割増賃金は、あくまでも法定労働時間を超える場合や深夜帯に及ぶ場合、法定休日労働となったときに発生するものとなります。

　尚、遅刻した日に残業した場合は、その日、その人の勤務時間が法定労働時間を超えるかどうかで判断します。

15-2 割増率

　割増賃金の支払いが必要なのは、法定労働時間を超えて勤務した場合や勤務する時間帯が深夜（22時～翌5時）になった場合、法定休日（1週間に1日または4週間で4日）に勤務した場合です。この時間外労働や休日労働は、使用者が、過半数組合（過半数組合がない場合は過半数代表者）と労使協定を締結し、労働基準監督署に届け出ることで、労働させることができるようになります。

　但し、時間外労働には限度が定められており、原則、1ヵ月45時間、1年360時間を超えないようにしなければならないとするルール（時間外労働に関する上限規制）があります。

　それぞれの割増率は次頁の通りです。

132

≪割増率≫

	割増率	備考
①法定労働時間超の労働（時間外労働）	25％以上（注）	1日8時間、1週40時間超（特例事業場44時間）
②法定休日労働	35％以上	1週間に1日または4週間に4日
③深夜帯の労働	25％以上（深夜帯加算）	22時以降翌5時までの間
④法定労働時間超の労働＋深夜帯	50％以上（注） （25％（注）＋深夜帯加算25％）	①＋③
⑤法定休日労働＋深夜帯	60％以上 （35％＋深夜帯加算25％）	②＋③

注）月60時間以下の場合

　時間外労働が深夜になった場合は、（時間外労働2割5分＋深夜労働2割5分）5割の割増賃金を支払う必要があります。尚、上の表には「法定休日労働＋時間外労働」がありません。これは、休日には所定労働時間が存在しないため、8時間以上労働したとしても時間外労働にならない、という理由によるものです。

15. 割増賃金

15-3 時間外労働（所定外労働・法定外労働）

所定外労働と法定外労働の取扱いは次のようになります。

例えば、始業時刻が9時、終業時刻が17時30分で、休憩時間が12時から13時の会社であれば、所定労働時間は7時間30分となります。この会社で、9時から18時まで勤務した場合、残業時間は30分になりますが、法律上の時間外労働（法定労働時間超の労働）は「無し」となります。

尚、この事例で18時30分まで勤務した場合は、所定外30分、法定外30分となります。（但し、割増賃金の支給にあたっては、「所定労働時間超」とするか「法定労働時間超」とするかは、就業規則や労使の取り決めによることができます。）

15-4 休日労働 （所定休日労働・法定休日労働）

所定休日労働と法定休日労働の取扱いは次のようになります。

例えば、毎週土曜・日曜を所定休日、そのうち日曜を法定休日と定めている事業所であれば、土曜日に労働した時間は「法定」休日労働にはならず、日曜日に労働した時間が「法定」休日労働となります。

尚、月曜から土曜までに働いた時間が40時間を超えていた場合には、その超えた時間は「時間外労働」（または「所定休日労働時間」）となります。

	1週間										
	月	火	水	木	金	土	日	月	火	水	木
本来	所定労働日	所定労働日	所定労働日	所定労働日	所定労働日	所定休日	法定休日	所定労働日	所定労働日	所定労働日	所定労働日
	8h	8h	8h	8h	8h	---	---	8h	8h	8h	8h
	40h										
実際	出	出	出	出	出	出	休	出	出	出	出
	8h	8h	8h	8h	8h	8h	---	8h	8h	8h	8h
	48h										

1日8時間で週休2日、例えば土日休みの場合、法定休日はそのうちの1日になります。尚、土曜日の休日に労働すると週40時間を超えることになります。この場合、その日は2割5分増しの割増賃金が必要となります。

15-5 休日振替と代休

「休日の振替え」とは、予め休日と定められていた日を労働日とし、他の労働日をその替わりとして休日にすることをいいます。振り替えることで、休日と定められていた日は「労働日」となり、もともと労働日だった日は「休日」

15. 割増賃金

となります。いわゆる事前の交換（トレード）です。そのため、もともと休日だった日が労働日になったので、その日は「休日労働」にはならず、休日労働に対する割増賃金の支払義務は発生しません。

　一方、「代休」は、休日だった日に労働が行われた場合で、その代償として、以後、特定の労働日を休みとするものになります。そのため、前もって休日を振り替えたことにはなりません。よって、この代休の場合には、休日労働分の割増賃金を支払う必要があります。

≪1日8時間、週休2日、水日休みの場合に、水曜日を出勤日とし、同一週の土曜日を休みにする場合≫

	1週間						
	月	火	水	木	金	土	日
本来	労働日	労働日	休	労働日	労働日	労働日	休
	8h	8h	---	8h	8h	8h	---
	40h						
実際	出	出	出	出	出	休	休
	8h	8h	8h	8h	8h	---	---
	40h						

〔振替〕火曜日に、「明日（水曜）出勤してもらう替わりに今週の土曜、休んでいいよ」
　　　　と言うような場合
　　　　→この場合は、割増賃金不要です。
〔代休〕水曜日に、休日出勤した後、土曜を休日出勤した代わりに休む場合
　　　　→この場合は、割増賃金が必要です。

15-6 休日と割増賃金

　前15-5（休日振替と代休）では、休日振替と代休の違いについて解説しましたが、振替えは「事前」に休日を指定するもの、代休は「事後」に休日を取得するものになります。そのため、事前か事後かで、割増賃金の取扱いは大き

く異なることになります。但し、次のような週40時間を超える場合の「休日の振替え」は、法定外労働の割増賃金が必要です。

≪1日8時間、週休2日、土日休みの場合に土曜日を出勤日とし、翌週の水曜日を休みにする場合≫

	1週間										
	月	火	水	木	金	土	日	月	火	水	木
本来	労働日	労働日	労働日	労働日	労働日	休	休	労働日	労働日	労働日	労働日
	8h	8h	8h	8h	8h	---	---	8h	8h	8h	8h
	40h										
実際	出	出	出	出	出	出	休	出	出	休	出
	8h	8h	8h	8h	8h	8h	---	8h	8h	---	8h
	48h										

〔振替〕金曜日に、「明日（土曜）出勤してもらう替わりに来週の水曜、休んでいいよ」と言うような場合
　　→この場合は、事前の振替えではありますが、土曜日勤務すると週40時間を超えることになります。この場合、土曜日は2割5分増しの割増賃金の加算分だけが必要となります。
〔代休〕土曜日に、休日出勤した後、水曜に休日出勤した代わりに休む場合
　　→この場合は、割増賃金が必要です。

15-7 割増賃金と手当

　次の賃金（手当等）は、労働の対価とは直接には関係がないため、割増賃金の計算の基礎に入れなくてもよいとされています。

　これらの賃金は、法律で定められた賃金で、限定列挙となります。よって、役職手当や業務手当、資格手当、精勤手当（1ヵ月を超える期間毎に支払われる場合は除かれる）などは、割増賃金の計算の基礎となる賃金に算入しなけれ

15. 割増賃金

ばなりません。

① 家族手当

② 通勤手当

③ 別居手当

④ 子女教育手当

⑤ 住宅手当

⑥ 臨時に支払われた賃金

⑦ 1箇月を超える期間ごとに支払われる賃金

尚、割増賃金から除外できる手当であっても、除外の可否については実態で判断されることになります。

家族手当	扶養家族の人数を基準として算出される手当	
	除外できる例	社会保険法上の扶養家族を有する社員に対し、家族手当を支給する。支給額は次の通りとする。 配偶者：月額1万円 その他の家族：月額5千円
	除外できない例	社員に対し、家族手当として一律1万円を支給する。
通勤手当	通勤距離または通勤に要する実費として支給される手当	
	除外できる例	公共交通機関を利用して通勤する社員に対し、通勤手当として定期券代を支給する。
	除外できない例	○○勤務の社員に対し1日300円の通勤手当を支給する。
住宅手当	住宅に要する費用に応じて算定される手当	
	除外できる例	社員が賃貸住宅に居住する場合は、家賃の○％を支給する。
	除外できない例	社員が居住する住宅が賃貸の場合は5千円、持ち家の場合は1万円を支給する。（住宅の形態ごとに一律定額で支給する場合）

16. 就業規則

16-1 就業規則

　働く上では、会社のルールが適用されることになります。その会社のルールを記載したものが就業規則です。就業規則は、常時10人以上労働者を使用する事業主が作成する必要のある会社の規則になります。

　就業規則には、必ず記載しなければならない「絶対的必要記載事項」と定めた場合には必ず記載する必要のある「相対的必要記載事項」があります。尚、就業規則の作成や変更あたっては、事業主は労働者の意見を聴く必要があります（注）。

注）ルールを決めるのは会社であるため同意までは求められていません。

就業規則	
絶対的必要記載事項	①始業・終業時刻、休憩、休日などに関すること ②賃金の決定方法、支払時期などに関すること ③退職に関すること（解雇の事由を含む）
相対的必要記載事項	①退職手当に関すること ②賞与などに関すること ③食費、作業用品などの負担に関すること ④安全衛生に関すること ⑤職業訓練に関すること ⑥災害補償などに関すること ⑦表彰や制裁に関すること ⑧その他全労働者に適用されること

　就業規則は、労働者代表の意見書を添え、所轄労働基準監督署に届け出る必要があります（労働基準法第89条、第90条）。就業規則を変更した場合も同様です。尚、就業規則は、事業所の見やすい場所に掲示するなど、労働者に周知する必要があります（これを「周知義務」という）。

139

16. 就業規則

16-2 就業規則の効力

就業規則の効力は、次のようになります。

労働契約法第 12 条では、「就業規則で定める基準に達しない労働条件を定める労働契約は、その部分については無効とする。この場合において、無効となった部分は、就業規則で定める基準による」としています。

労働契約と就業規則の関係は「部分無効自動引き上げ」となります。

また、労働協約や法令との関係においては、労基法に次の規定があります。

就業規則は、法令又は当該事業場について適用される労働協約に反してはならない。	労基法第 92 条（法令及び労働協約との関係）

■ 就業規則と労働条件の関係 ◇◇◇◇◇◇◇◇◇◇◇◇◇◇◇◇◇

就業規則の内容と異なる労働条件の合意は、その労働条件が就業規則で定める基準を下回っていない限り、合意した労働条件が適用されることになります。

この場合、実務では、就業規則に原則的な規定を設けておき、更に当該就業規則に、「但し、会社が従業員と個別に契約を締結した場合には、当該契約によるものとする」とし、個別合意を優先する旨、規定します。こうすることで、労働契約法 12 条（※）の問題は発生せず、規則の周知も図ることができます。

※労働条件→59 ページ

16-3 就業規則の変更（労働契約との関係）

　就業規則は、会社のルールであることから、使用者による就業規則の変更に労働者の合意は不要（注1）となっています。

　尚、変更にあたっては、労働者が不利益となるような労働条件の変更はできません。但し、変更が合理的なものであり、次の事項を労働者に周知させているときは、この限りではありません（注2）。

注1）意見聴取は必要。
注2）就業規則での不利益変更にあたっては、労使間で変更されないことについて合意があった事項は除かれます。

≪周知事項≫
①労働条件変更の必要性
②労働者が受ける不利益の程度
③変更後の内容の相当性
④労使間での交渉の状況

16-4 遅刻・早退・欠勤とペナルティ

　遅刻や早退、欠勤は、労使間で取り交わした契約が守られていないことを意味します。遅刻や早退、欠勤等で、契約で決められた日や時間、労働者が働いていないことに対し、使用者がペナルティを科す場合は、就業規則に則って処分します（これを「懲戒や制裁」といいます）。この処分は、ノーワーク・ノーペイとは別のものになります。

　尚、減給となる制裁は、その上限が労基法で定められています。会社が減給の制裁を行おうとする場合は就業規則に定め、平均賃金を用いて算出します。

減給は、1回の額が平均賃金の1日分の半額を超え、総額が一賃金支払期における賃金の総額の10分の1を超えてはならない。	労基法第91条（制裁規定の制限）

141

16. 就業規則

16-5 懲戒の種類と程度

使用者は企業秩序を維持する権限をもち、労働者は企業秩序を遵守する義務を負います。

これを基に、使用者は労働者の企業秩序違反行為に対して制裁罰として懲戒を課すことになります。

減給の制裁にかかる減給幅の上限や解雇の手続については労基法に定めがありますが、懲戒の種類と程度については法律上、直接的な定めはありません。よって、使用者が懲戒を行う場合は、予め就業規則に定め、労働者に周知する必要があります。

一般的な懲戒処分には、次のようなものがあります。

懲戒の程度	懲戒の種類		意味
軽 ↓ 重	戒告・譴責	戒告	将来を戒める（始末書提出を伴わない）
		譴責	始末書を提出させ将来を戒める
	減給		賃金を減額する
	出勤停止		労働義務の履行を停止する（自宅謹慎、停職、懲戒休職など）
	降格		懲戒として役職や職能資格（等級）を引き下げる（注）
	解雇	諭旨解雇	懲戒解雇相当の事由があるが情状酌量の余地がある場合には退職勧告する（退職勧告に従わないときは懲戒解雇となる）
		懲戒解雇	即日解雇する（解雇予告や予告手当の支払いをしない）退職金も不支給となる

注）人事制度や労働契約上行われるものを除く

142

16-6 人事異動

　異動は、主に5つあります。人事異動は、使用者が持つ権限（人事権）により行われます。人事権の行使は、幅広く認められていますが（特別な個別の契約を除く）、会社が労働者に配置転換等の異動を命ずる場合は、実務では就業規則等にその根拠を記載することが求められます。

①配置転換…同一事業場内での担当業務等の異動
②転勤………勤務地の変更を伴う所属部門の異動
③職種変更…職種の異動
④応援………所属事業場に在籍したまま、応援要員として一時的に他の業務、勤務地で勤務すること
⑤出向………関係会社又は団体に人事戦略や出向先への経営及び技術指導、労働者の職業能力形成やキャリア形成を目的に労働者を送り込むこと

　尚、会社が配置転換を労働者に命ずる場合は、当該配置転換命令が権利濫用とならないよう留意する必要があります。出向の場合も同様で、出向命令が権利濫用とならないよう出向の必要性、対象労働者の選定等、留意する必要があり、就業規則等にその根拠を記載することが求められます。

■配置転換

　配置転換は、対象労働者の生活への影響を鑑みた上で、業務上の必要性から人事権の裁量の範囲で行われるべきものとなります。尚、労働者を転勤させる場合は、労働者の育児又は介護の状況に配慮する必要があります（育児・介護休業法第26条）。

16. 就業規則

16-7 出向

　出向には、在籍型出向（在籍出向）と移籍型出向（転籍出向）があります。出向における使用者は、在籍出向では責任と権限から決まり、転籍出向は出向先となります。

　在籍出向は、出向元と出向先との間で締結された出向契約に基づき、労働者は出向元・出向先とそれぞれ労働契約を結び、出向先使用者の指揮命令に従い、労働力を提供します。賃金の支払いは契約によるところとなります。

　移籍出向は、出向元と出向先との間で締結された出向契約に基づき、労働者は出向元との契約を終了させ、出向先と労働契約を結び、出向先使用者の指揮命令に従い、労働力を提供します。賃金の支払いは出向先から支払われます。移籍出向は、出向元と労働契約を終了させる（注）ため、社会保険関係は通常の転職と同じような手続きになります。そのため、本人の同意が必要になります。

注）出向元会社を退職することになります。

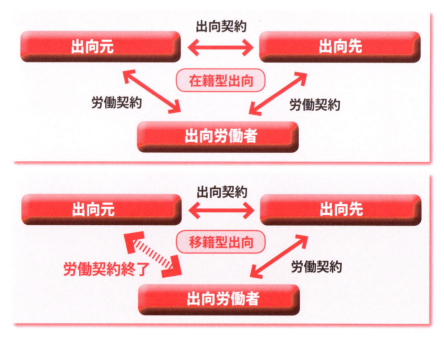

16-8 ハラスメント

職場でのハラスメントには、主にパワーハラスメント、セクシャルハラスメント、妊娠・出産等に関するハラスメント（マタニティハラスメント）があります。

■パワーハラスメント ◇◇◇◇◇◇◇◇◇◇◇◇◇◇◇◇◇◇◇◇◇◇◇◇◇

パワーハラスメントとは、同じ職場で働く者に対して、職務上の地位や人間関係などの職場内の優位性（注1）を背景に、業務の適正な範囲（注2）を超えて、精神的・身体的苦痛を与える又は職場環境を悪化させることをいいます。尚、パワーハラスメント（パワハラ）には次の6類型があります。①身体的な攻撃、②精神的な攻撃、③人間関係からの切離し、④過大な要求、⑤過少な要求、⑥個の侵害

注1）パワーハラスメントという言葉は、上司から部下へのいじめ・嫌がらせをさして使われる場合が多いですが、先輩・後輩間や同僚間、さらには部下から上司に対して行われるものもあります。「職場内での優位性」には、「職務上の地位」に限らず、人間関係や専門知識、経験などの様々な優位性が含まれます。

注2）業務上の必要な指示や注意・指導を不満に感じたりする場合でも、業務上の適正な範囲で行われている場合には、パワーハラスメントにはあたりません。
パワハラについては、業務上適正な範囲で行われている指導であっても、ハラスメントと勘違いする人、誤った解釈をする人が少なからずいます。パワハラは原則6類型に該当するか否かで判断します。

■セクシャルハラスメント ◇◇◇◇◇◇◇◇◇◇◇◇◇◇◇◇◇◇◇◇

セクシャルハラスメントとは、「職場」において行われる「労働者」の意に反する「性的な言動」に対する労働者の対応により、その労働者が労働条件について不利益を受けたり、「性的な言動」により就業環境が害されることをいいます。

職場におけるセクシャルハラスメント（セクハラ）には、同性に対するものも含まれます。また、被害を受ける者の性的指向（注1）や性自認（注2）にかかわらず、「性的な言動」であれば、セクシャルハラスメントに該当します。

注1）1人の恋愛・性愛がいずれの性別を対象とするか

注2）性別に関する自己認識

16. 就業規則

■妊娠・出産等に関するハラスメント（マタニティハラスメント）

マタニティハラスメントとは、職場（注1）において行われる上司・同僚からの言動（妊娠・出産したこと、育児休業等の利用に関する言動）により、妊娠・出産した「女性労働者」や育児休業等を申出・取得した「男女労働者」等の就業環境が害されること（注2）をいいます。

注1）通常就業している場所以外でも、出張先や参加が強制されている宴会なども含みます。
注2）労働者は、正社員だけではなく、パートタイム労働者、契約社員、派遣労働者等を含みます（派遣労働者については、派遣元、派遣先ともに妊娠・出産等に関するハラスメントやセクシアルハラスメントの防止措置を講じる必要があります）。

16-9 ハラスメントへの対応

ハラスメントが発生すると、働く意欲が低下し、従業員の能力の発揮が阻害されるなど、職場環境が悪化します。また、万一発生した場合には、迅速かつ丁寧な対応が必要となります。そのため、職場全体でハラスメント行為を発生させない環境づくり（対策）が大切になります。事業主が講ずべき措置（職場におけるハラスメント防止措置）には次のようなものがあります。

事業主が講ずべき措置（職場におけるハラスメント防止措置）

① 事業主の方針の明確化及びその周知・啓発
② 相談（苦情を含む）に応じ、適切に対応するために必要な体制の整備
③ 職場におけるハラスメントへの事後の迅速かつ適切な対応
④ 併せて講ずべき措置（プライバシーの保護、不利益取扱いをしないことなど）
⑤ 職場におけるハラスメントの原因や背景となる要因を解消するための措置

ハラスメントは部下から上司に対しても成立します。ハラスメントに該当すると懲戒の対象となります。よって、ハラスメントについては、正しい理解が必要になります。※→ 220 ページ（ハラスメント事案への対応フロー）

■ 146

17. 情報管理

17-1 情報管理

　企業経営には、デジタル化の進展と人材の流動化によって引き起こされる情報流出問題（競業避止を含む）があります。

　終身雇用が難しくなった現在は、労働者の転職が一般化していますが、企業法務や情報管理の分野では、転職をリスクのないものとして扱う事はありません。

　人事労務でも、同業界の転職や採用には、職業人としての倫理や信用面（競業避止を含めた信義則）において、慎重になるのが一般的です。

　もっとも、情報の流出は、企業経営への影響だけでなく、ある特定の分野では日本の経済安全保障（注1）にも重大な懸念を与えるおそれがあります。特に日本の高度な技術情報は、他国の情報収集活動の対象になっており、技術によっては、軍事転用される場合もあります。

　情報の流出は、自社の損失だけなく、日本の経済成長にも影響を及ぼすものであり、国益を損なうものです。

　そのため、企業は情報管理（情報流出の防止）や労務管理を徹底する必要があります（注2）。

注1）　経済安全保障にかかる情報流出事案は、警視庁が窓口になっています。
注2）　不法行為は制裁の他、損害賠償請求を受ける事になります。犯罪行為に該当する場合は、刑法が適用されます。

17. 情報管理

17-2 競業避止義務（不正競争防止法）

　前頁の 17-1 では、情報管理の重要性を説明しましたが、競業避止義務は、労働者に課される義務となります。当然、労働には職業選択の自由がありますが、不法行為は、制裁や損害賠償請求を受けることになり、犯罪行為があった場合は、刑法が適用されることになります。これは、退職後も同様です。

　競業避止義務契約の判例では、「債権者の利益、債務者の不利益及び社会的利害に立って、制限期間、場所的職種的範囲、代償の有無を検討し、合理的範囲において有効」となっており、競業避止義務契約については、締結することの合理性や契約内容の妥当性等から判断されることになります。

　尚、有効性は次の項目で判断されます。

①競業避止義務契約が労働契約として、適法に成立している

②守るべき企業の利益がある

③競業避止義務契約の内容が目的に照らして合理的な範囲に留まっている

　・従業員の地位を定めているか（競業避止義務を課す必要性が認められる立場にあるか）

　・地域的な限定があるか

　・競業避止義務の存続期間があるか

　・禁止される競業行為の範囲について必要な制限が掛けられているか

　・代償措置が講じられているか

　企業側の守るべき利益を保全するために、必要最小限度の制約を従業員に課すものである場合（職業選択の自由を過度に制約しないための配慮が行われていると認められる場合）は、競業避止義務契約の有効性が認められます。

　よって、使用者の労働者に対する競業避止義務は、個別契約や入社時の誓約書で従業員の同意を得るとともに、就業規則に規定する場合は、当該就業規則を周知する必要があります。

★競業避止義務規定（記載例）

「従業員は在職中及び退職後 6 ヵ月間、会社と競合する他社に就職及び競合する事業を営むことを禁止する。但し、会社が従業員と個別に競業避止義務について契約を締結した場合には、当該契約によるものとする。」

■ 148

18. 副業・兼業

18-1 副業・兼業

　副業や兼業、ダブルワークを認めるか否かは、会社が自由に決めるものになります。

　ただ、会社が二重就業を認めていても、労働者が競合する仕事や競業先での勤務、自ら似たような仕事をしている場合には、法的な問題が生じることになります。

　よって、兼業や副業は、競業避止、情報漏洩リスク等から、就業規則等への記載が求められることになります。兼業・副業に関する規定は、服務規定、懲戒規定、競業避止規定、情報管理規定です。

　尚、兼業を禁止する規定には次のようなものがあります。

★兼業禁止規定（記載例）

「会社の許可なく他の会社の役員に就任し、または従業員として雇用契約を結んではならない。或いは自ら会社を設立し、自己の営業に従事するなど、会社以外の業務に従事してはならない。」

　会社が二重就業を認めていない場合は、労働者はこれに従う必要があります。

　但し、兼業や副業等の二重就業については、会社が禁止していたとしても、次の判例があります。

「会社の企業秩序に影響せず、会社に対する労務の提供に格別の支障を生ぜしめない程度のもの」は兼業禁止に含まれない。

　これは、就労義務が元々ない休日或いは就業時間外に働く分において、「労働に支障がない限りにおいては、会社は休日又は終業後の時間までは拘束することはできない」ということを判示したものとなっています。

　よって、兼業を禁止している会社が、労働者の兼業を発見した場合であっても、懲戒の程度によっては、司法上は行き過ぎと判断される場合があります。

149

18. 副業・兼業

　但し、労働者が効率的な業務をしていなかったり、会社の体面を傷つけ、または不名誉となるような行為をしていたりするのであれば、当然に懲戒処分の対象となります。

　もっとも、労働者は会社の指揮命令に従って労働し、その対価としてお金を受け取っている以上は、仕事に集中して（職務専念義務）働く（労務提供義務）必要があります。

　つまり、兼業については、労働者だけの判断で行うべきものではなく、会社のルールがどうなっているのか、労働者は就業規則等を確認することが必要になります。

19. 労働・社会保険

19-1 労働・社会保険

労働者の多くは、働くことができなくなると、収入が途絶え、生活がままならなくなります。そこで、国はこうした事態に対応するため、保険制度を利用した社会保障制度を敷いています（注）。

注）保険制度は保険料及び税金で運営されることから、「労働」そのものが保険制度を支えているともいえます。

保険には、仕事中のケガ等に対応するための労災保険、失業等で収入が無くなったときのための雇用保険、仕事以外でのケガや病気で働くことができなくなったときの医療保険、加齢や障害によって働くことができなくなった場合の年金保険があります。

これらの保険制度によって、労働者は安心して働くことができるようになります。

保険制度とは、病気やケガ、障害、死亡、失業、加齢による収入減など、不測の事態や将来（これを保険制度では「保険事故」といいます）に備えるべく、保険料を予め国などの保険者に支払い被保険者になっておき、いざ病気やケガ、収入減となった際に治療やお金という形で、給付を受ける仕組みになります。

19-2 労働者に適用される保険制度

この保険の仕組みを使った代表的なものに医療保険があります。

医療保険は、被保険者になっていると、病気やケガをした際に、保険が適用されることになります。

例えば、治療代が3,000円だとすると、保険証を持っていれば病院等の窓口で支払うのは900円程度ですむことになります。残りの2,100円は、国などの保険者が負担します。

151

19. 労働・社会保険

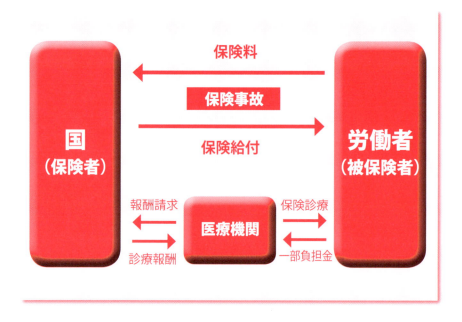

　つまり、保険制度とは、保険に加入し保険料を払っていれば、ケガや病気、失業や収入減となった際に、その保険が適用され、給付が受けられる、といった仕組みになります。

19-3 労働・社会保険制度

　労働者に適用される保険には、労働保険と社会保険（医療保険・年金保険）があります。労働保険は、労災保険と雇用保険をいいます。

≪労働保険と社会保険≫

労働保険	労災保険	労災保険は、労働者が業務上のケガや病気（業務災害）、通勤途上の事故（通勤災害）などで、療養や休業を要すこととなった場合や、障害になった場合、或いは死亡した場合に、必要な給付が行われます。労災保険は、労働者（パート・アルバイトを含む）を一人でも雇用する事業所に適用され、保険料は全額事業主負担となります。
	雇用保険	雇用保険は、労働者が失業した場合などに、給付（失業等給付）が行われます。保険料は労働者と事業主の双方が負担します。
社会保険	健康保険	健康保険は、被保険者やその家族が、病気やケガをした場合、或いは出産、死亡した場合に、必要な給付が行われます。保険料は、労使折半です。
	厚生年金保険	厚生年金保険は、被保険者である労働者が高齢となって働けなくなった場合や、病気やケガが原因で身体に障害が残ってしまった場合、或いは死亡してしまった場合に、必要な給付が行われます。保険料は労使折半です。

153

19. 労働・社会保険

19-4 労働者に適用される保険給付

下表は、それぞれの場面で適用される保険と主な給付です。

場面			適用	主な給付
従業員のケガ・病気・休業	治療するとき	業務上（負傷・疾病等）	労災保険	療養補償給付
		業務外（疾病・負傷等）	健康保険	療養の給付
	休業するとき	業務上（負傷・疾病等）	労災保険	休業補償給付
		業務外（疾病・負傷等）	健康保険	傷病手当金
		業務外（出産）	健康保険	出産手当金
		業務外（育児）	雇用保険	育児休業給付
		業務外（介護）	雇用保険	介護休業給付
再雇用	収入減となったとき		雇用保険	高年齢雇用継続給付
退職	失業したとき		雇用保険	失業等給付

　労災保険は、勤務する日数や時間数にかかわらず全ての労働者に適用されますが、雇用保険や健康保険の給付にあっては、適用事業所の被保険者（又は被保険者だった者）である必要があります。

20. 労災保険（労働者災害補償保険法）

20-1 労災保険（労働者災害補償保険法）

　労災保険は、労働者が業務上のケガや病気（業務災害）、通勤途上の事故（通勤災害）などで、療養や休業を要することとなった場合や、障害になった場合、或いは死亡した場合に、必要な給付が行われます。労災保険は、労働者（パート・アルバイトを含む）を一人でも雇用する事業所に適用され、保険料は全額事業主負担となります。

主な保険事故	主な保険給付	
	業務災害	通勤災害
傷病 （負傷・疾病）	療養補償給付等（注）	療養給付（注）
	休業補償給付	休業給付
	傷病補償年金	傷病年金
障害	障害補償給付	障害給付
	障害補償年金前払一時金	障害年金前払一時金
	障害補償年金差額一時金	障害年金差額一時金
要介護状態	介護補償給付	介護給付
死亡	遺族補償給付	遺族給付
	遺族補償年金	遺族年金
	遺族補償年金前払一時金	遺族年金前払一時金
	遺族補償一時金	遺族一時金
	葬祭料	葬祭給付

注）原則、現物給付（治療そのもの）となります。現物給付が難しい場合は現金給付（療養の費用の支給）となります。

※　通勤災害は、使用者に補償責任がないことから、給付に「補償」の文字はありません。

20.労災保険（労働者災害補償保険法）

20-2 業務災害

業務災害とは、業務上の負傷、疾病、傷害又は死亡をいいます。

労災保険は政府が管掌し、制度の管理運営は労働基準局（保険料の徴収・収納事務は労働局、保険給付の事務は労基署）が行っています。

■業務災害の認定

保険給付にあたる業務災害の認定は、「業務起因性」と「業務遂行性」から判断されます。

業務の遂行は、使用者の支配下にある状況をいい、業務起因性は、通常予見される危険性・有害性が、業務遂行時に内在しているかどうかになります。

業務起因性　　**業務遂行性**

■業務上疾病の認定

業務上の疾病については、業務と相当因果関係にある疾病か否かで判断されます。

労災の認定は、事案ごとに、個別具体的に行われます。

労災認定では、業務中の負傷は労災として認定しやすいのですが、疾病については「相当因果関係」での判断となるため、長時間の過重労働に起因する疾病の他は、その判断が難しいとされています。

156

20-3 通勤災害

　通勤災害とは、「労働者の通勤に拠る負傷、疾病、傷害又は死亡」をいいます。通勤とは、労働者が就業に関し、移動する場合に、合理的な経路及び方法によって、住居と就業場所間（住居間又は就業場所間も含む）を移動することをいいます。尚、この移動にあっては、業務の性質を有するものは除かれます（この場合、業務災害になります）。

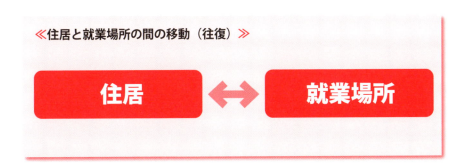

≪住居と就業場所の間の移動（往復）≫

※1）合理的な経路とは、社会通念上、一般に通行する経路（通常使う経路）になります。よって遠回りした場合は、経路外となります。合理的な方法とは、社会通念上、一般に是認される手段（通常使う通勤手段）になります。
※2）住居と就業場所間の往復は、反復継続性で見る事になります。尚、単身赴任者の帰省における住宅判断は、概ね月1回以上あるか否かの判断となります。
※3）住居は、台風による避難やウイルス感染等による隔離などでホテルなどに一時的に居住している場所も住居として認められます。
※4）就業の場所は、通常勤務する場所以外の場所も含まれます。例えば、研修や会議などで他の場所に行く場合でも、その場所は就業場所となります。
※5）往復は不特定多数の者が行きかう場所をいいます。そのため、自宅建物外であっても敷地内（住居）での事故は、通勤災害にはなりません。

■通勤災害の認定

　通勤災害の認定は、通勤との「相当因果関係」と「就業との関連性」での判断となります。よって、通常予見される危険性・有害性が内在されているかどうかでの判断となります。

20.労災保険(労働者災害補償保険法)

　一般に早出や遅刻、早退があったとしても通勤と認められますが、始業時刻前や終業時刻後に長時間(概ね2時間以上)にわたりサークル活動や組合活動をしている場合は、就業との関連性があるとは認められません。

相当因果関係　　就業との関連性

■**通勤災害における逸脱・中断** ◇◇◇◇◇◇◇◇◇◇◇◇◇◇◇◇◇

　通勤における逸脱と中断では、原則「労働者が、移動の経路を逸脱し、又は移動を中断した場合においては、当該逸脱又は中断の間及びその後の移動は、通勤としない」という取り扱いになります。通勤経路から逸れたり、通勤とは関係のない行為(ささいな行為を除く)をした場合には、通勤にはなりません(注1)。例外は、「逸脱又は中断が、日常生活上必要な行為であって一定の物をやむを得ない事由により行うための最小限度のものである場合は、当該逸脱又は中断の間を除き、通勤とする」取扱いとなります(注2)。異なる点は、逸脱・中断後を通勤扱いとする点です。

注1) ささいな行為とは、通勤経路上の公衆トイレに立ち寄る行為や自販機で飲み物を購入するなどの行為です。
注2) 日常生活上必要な行為とは、日用品の購入や選挙権の行使、通院、家族の介護等です。

20-4 第三者行為災害

　業務中の事故等が第三者の行為によって引き起こされた場合で、労災より保険給付をした場合、政府は、その給付の価額の限度で、保険給付を受けた者が第三者に対して有する損害賠償の請求権（求償権）を取得します。

　また、この場合において、保険給付を受けるべき者が、当該第三者から同一の事由について、損害賠償を受けたときは、政府は、その価額の限度で保険給付をしないことができます。（業務中の自動車事故による自賠責保険などがこれにあたります。）

20-5 休業（補償）等給付

　労働者が、業務または通勤が原因となった負傷や疾病による療養のため労働することができず、そのために賃金を受けていないときは、4日目から休業補償給付、又は休業給付が支給されます（注）。

注) 労災保険の休業に関する給付は、休業4日目から支給となります。従って、休業3日目までは使用者が補償しなければなりません。

≪3要件≫

① 業務上の事由または通勤による負傷や疾病による療養
② 労働することができない
③ 賃金を受けていない

≪単一事業労働者（一の事業場のみに使用されている労働者）の場合≫

休業（補償）給付	休業特別支給金
（給付基礎日額の60％）× 休業日数	（給付基礎日額の20％）× 休業日数

※「給付基礎日額」とは、原則、労基法の平均賃金に相当する額をいいます。

20.労災保険（労働者災害補償保険法）

　平均賃金とは、算定事由が発生した日 (賃金締切日があるときは、直前の賃金締切日) 前 3 ヵ月間に支払われた賃金総額 (賞与を除く) を、その期間の暦日数で割った 1 日あたりの額をいいます。算定事由が発生した日とは、事故発生日又は診断により疾病の発生が確定した日となります。

20-6 傷病（補償）等年金

　業務または通勤が原因となった負傷や疾病の療養開始後 1 年 6 ヵ月を経過した日またはその日以後、次の要件に該当するときは、傷病補償年金又は傷病年金 (通勤災害の場合) が支給されます。

(1) 負傷または疾病が治っていないこと
(2) 負傷または疾病による障害の程度が傷病等級に該当すること

　尚、傷病等級に応じて、傷病（補償）等年金、傷病特別支給金及び傷病特別年金が支給されます。

傷病等級	傷病（補償）等年金	傷病特別支給金 （一時金）	傷病特別年金
第 1 級	給付基礎日額の 313 日分	114 万円	算定基礎日額の 313 日分
第 2 級	給付基礎日額の 277 日分	107 万円	算定基礎日額の 277 日分
第 3 級	給付基礎日額の 245 日分	100 万円	算定基礎日額の 245 日分

21. 雇用保険

21-1 雇用保険

　雇用保険は、生活や雇用の安定、失業の予防、労働者の能力開発及び向上、就職の促進、その他、労働者の福祉の増進を図るための各種事業を実施しています。雇用保険は労働者のための保険になります。

　具体的には、労働者が失業して収入が無くなった場合のセーフティネットとしての機能、高齢等によって雇用の継続が困難となる場合、労働者が子を養育するために休業した場合、労働者が自ら職業に関する教育訓練を受けた場合等に必要な給付を行っています。

　雇用保険は、パート・アルバイト等、名称を問わず① 1週間の所定労働時間が20時間以上、かつ② 31日以上雇用が見込まれる場合は、雇用保険の被保険者となります。

対策	保険給付	給付を受ける者 (注)
失業	基本手当	失業中の休職者
育児休業	育児休業給付	一定の要件に該当する育児休業中の被保険者
収入の低下	高年齢雇用継続給付	一定の要件に該当する60歳以上65歳未満の被保険者

注) 使用者（個人事業主を含む）は、雇用保険の給付は受けられません。

21. 雇用保険

21-2 基本手当

　失業の状態にある日について支給される手当を「基本手当」といい、基本手当の日額は、離職前6ヵ月間に支払われた賃金日額のおよそ45%～80%となっています。給付額や給付される期間は、雇用保険に入っていた期間、年齢、離職理由で変わります。

≪所定給付日数≫

◆自己都合で退職した場合

離職した日の満年齢 ＼ 被保険者であった期間	10年未満	10年以上 20年未満	20年以上
全年齢	90日	120日	150日

◆倒産・解雇等、会社都合で退職した場合

離職した日の満年齢 ＼ 被保険者であった期間	1年未満	1年以上 5年未満	5年以上 10年未満	10年以上 20年未満	20年以上
30歳未満	90日	90日	120日	180日	―
30歳以上 35歳未満	90日	120日	180日	210日	240日
35歳以上 45歳未満	90日	150日	180日	240日	270日
45歳以上 60歳未満	90日	180日	240日	270日	330日
60歳以上 65歳未満	90日	150日	180日	210日	240日

※求職者給付を受給するために必要な在職期間は、離職の日以前2年間に12か月以上の「被保険者期間」が必要です（自己都合退職の場合）。

基本手当の受給にあたっては、離職票等会社が作成する書類（注）をもって
ハローワークへ行き、求職の申し込みをします。給付は、7日間の待期期間を
経て、失業の認定を受けてからとなります。自分の意思で会社を辞めた場合（自
己都合退職）は、給付制限期間を経て、認定となります。

注）離職票は退職日後、会社が作成する書類になります。

≪不正受給≫

偽りその他不正の行為で基本手当等を受給した場合には、その返還を命ぜられ、
以後受給はできなくなります。また、返還命令のあった不正受給の金額とは別
に、2倍に相当する額以下の額の納付が命ぜられることとなります（3倍返し）。

【不正受給の典型事例】
・実際には行っていない求職活動を、求職活動したと偽り、申告した場合
・就労（パート・アルバイト、日雇を含む）したにも関わらず、その事実を
　申告しなかった場合
・自営や請負により事業を始めているにも関わらず、その事実を申告しなかった場合
・内職や手伝いをした事実及びその収入を申告しなかった場合
・会社役員に就任しているにも関わらず、その事実を申告しなかった場合
・定年後、就業の意思なく、失業給付を受けるなど、偽りの申告をした場合

21-3 再就職手当

　雇用保険（基本手当）の所定給付日数の3分の1以上の支給日数を残して、
早期に再就職した場合で、次の要件、全てに合致するときは再就職手当が支給
されます。

①就職日の前日までの失業の認定を受けた後の基本手当の支給残日数が、所定
　給付日数の3分の1以上あること

163

21. 雇用保険

② １年を超えて勤務することが確実であると認められること

③ 待期満了後の就職であること

④ 離職理由による給付制限を受けた場合は、待期満了後１ヵ月間については、ハローワークまたは許可・届け出のある職業紹介事業者の紹介により就職したものであること

⑤ 離職前の事業主に再び雇用されたものでないこと（資本・資金・人事・取引等の状況からみて、離職前の事業主と密接な関係にある事業主も含みます。）

⑥ 就職日前３年以内の就職について、再就職手当または常用就職支度手当の支給を受けていないこと

⑦ 受給資格決定（求職申し込み）前から採用が内定していた事業主に雇用されたものでないこと

⑧ 雇用保険の被保険者資格を取得する要件を満たす条件での雇用であること

21-4 雇用保険料

　雇用保険は、その名称からも分かるように保険制度となっています。保険者は国、被保険者は雇用保険に加入する必要のある労働者です。保険料は雇用保険料で、会社負担と本人負担があります。保険料額は、給与額に雇用保険料率を乗じた額となります。本人負担の保険料は、毎月の給与から控除する事で徴収し、会社は、会社負担分と合わせて、年度単位で国に納付します。

≪令和６年度の雇用保険料率≫

事業の種類	労働者負担①	事業主負担②	雇用保険料率①＋②
一般事業	6/1,000	9.5/1,000	15.5/1,000
農林水産・清酒製造の事業	7/1,000	10.5/1,000	17.5/1,000
建設の事業	7/1,000	11.5/1,000	18.5/1,000

22. 産前産後休業・育児休業

22-1 産前産後休業・育児休業

　労基法は、「6週間（多胎妊娠は14週間）以内に出産する予定の女性が休業を請求した場合は、その者を就業させてはならない」とし、また「産後8週間を経過しない女性を就業させてはならない。但し、産後6週間を経過した女性が請求した場合において、その者について医師が支障がないと認めた業務には就かせることは、差し支えない。」としています。

　つまり、産前は本人からの請求によって就業が制限されますが、産後6週間は、本人からの請求の有無にかかわらず、母性保護（母体保護）から就業が禁止される期間（この期間が過ぎれば職場への復帰が可能）となります。

　社会保険は、分娩予定日の42日前から出産（予定）日までを産前といい、出産日の翌日から56日間（多胎妊娠の場合は98日）を産後といいます。

　雇用保険は、産後57日目（注）以降の休業を、育児休業といいます。

　休業期間にあっては、被保険者であること、賃金の支払いが無いことなど、一定の要件に該当する場合には、健康保険制度から出産手当金、雇用保険制度から育児休業給付金が給付され、当該休業期間中の保険料負担は免除されることになります。

注）男性の場合は配偶者の出産予定日

22. 産前産後休業・育児休業

≪**産前産後休業：女性の場合**≫

8/11 産前休業開始　9/21 出産日　11/16 産後休業終了

7月	8月	9月	10月	11月	12月	1月

社会保険料は8月分から10月分まで免除（産後休業終了で職場復帰した場合）
産前休業期間 2024年8月11日〜2024年9月21日
産後休業期間 2024年9月22日〜2024年11月16日
※出産日がずれた場合の産後は、実際の出産日の翌日から56日

≪**育児休業：女性の場合**≫

8/11 産前休業開始　9/21 出産日　11/17 育児休業開始　　復帰（子1歳）

7月	8月	9月	10月	11月	翌8月	9月

社会保険料は翌年の8月分まで免除（子が1歳になり9月で復帰した場合）
育児休業期間 2024年11月17日〜子供が1歳になる誕生日の前日まで
※保育所等に入所できない場合は、子が1歳6ヵ月又は2歳になるまで延長可能

23. 安全衛生

23-1 安全衛生

労働安全衛生法（安衛法）に関する実務は、「危険防止措置」、「健康管理措置」、「安全衛生管理体制の整備」、「安全衛生教育の実施」の大きく4つがあります。

≪労働安全衛生法に関する実務≫

法令の遵守（安衛法）	危険防止措置	機械を使う作業	柵や覆いなどを設け、機械に接触したり巻き込まれたりしないようにする。
		危険物を取扱う作業	換気を行う、火気を使用しないなどの措置をとる。
	健康管理措置	定期健康診断	年に1回実施
		特殊健康診断	有害業務は6カ月以内に1回実施
	安全衛生管理体制の整備	安全衛生推進者又は衛生推進者の選任	10人以上50人未満の事業場（全業種）…危険防止の対策や教育、健康診断などの安全衛生に関する業務を担当する。
		作業主任者の選任	一定の危険有害作業について指揮し、機械設備の点検等を行う。
		産業医の選任	50人以上の事業場（全業種）…労働者の健診や健康に関する面接指導、作業場巡視等を職務とする。
		衛生管理者の選任	50人以上の事業場（全業種）…衛生に関する技術的事項、毎週1回以上の作業場巡視等を職務とする。
		安全管理者の選任	50人以上の事業場（屋外的業種・製造業等）…安全に関する技術的事項、作業場の巡視等を職務とする。
		総括安全衛生管理者の選任	100人以上（屋外的業種）、300人以上（製造業等）、1,000人以上（その他の業種）の事業場…安全衛生に関する統括管理、安全管理者、衛生管理者を指揮等することを職務とする。
		安全委員会	100人以上（林業、鉱業、建設業等は50人以上）の事業場…危険防止、労働災害の再発防止等を目的とする。
		衛生委員会	50人以上（全業種）…健康障害の防止等を目的とする。
	安全衛生教育の実施	雇い入れ時に、安全衛生のための教育を行う。（教育の内容）・機械、原材料、保護具などの取扱方法・作業手順・事故時における応急措置・危険有害業務・危険有害作業は、その業務に関する特別な教育	

23. 安全衛生

事業者の責務の一つに、労働災害（業務上の負傷・疾病・障害・死亡）の防止があります。

労働災害の防止には、労働者の安全と健康の確保があります。労働災害は、労働安全衛生法をはじめとする法令に則った対策をとることで予防することができます。

災害発生リスクは労働者数が増えれば増えるほど高まるため、安全衛生に関する管理者・責任者を選任する人数は増えることになります。尚、危険度の高い事業も同様になります。

23-2 健康診断

健康診断は、常時使用する労働者に対して、①雇入れたとき、②その後毎年1回、定期的に実施する必要があります。また、深夜業に従事する者や特定業務に従事する者については、①当該業務に配置となったとき、②その後6ヵ月に1回、定期的に健康診断を実施する必要があります。

健康診断は、①1年以上雇用し、②労働時間が通常の労働者の4分の3以上あるパートタイム労働者についても、毎年1回、健康診断が必要になります。

■費用負担と労働時間 ◇◇◇◇◇◇◇◇◇◇◇◇◇◇◇◇◇◇◇◇◇◇◇

健康診断の費用は、法で事業者に健康診断の実施の義務を課している以上、事業者が負担すべきものとされています。

健康診断の受診に要した時間の賃金の支払いについては、業務遂行との関連において行なわれるものではないため（一般健康診断は健康の確保をはかることを目的としたもの）、自由になります。尚、特定の有害な業務に従事する労働者について行う特殊健康診断については、業務遂行との関連において健康診断を行うため、原則、所定労働時間内に行い、その間の賃金を支払う必要があります。

23-3 リスク回避

リスク回避の実務には、安全衛生活動とリスクアセスメントがあります。ヒヤリ・ハット活動や危険予知活動（KY活動）、安全当番制度、リスクアセスメントは、いずれも災害の発生を未然に防ぐ重要な活動となっています。

≪リスク回避の実務≫

自主的な安全衛生活動	ヒヤリ・ハット活動	作業中にヒヤリとした事例、ハッとした事例を共有し、対策を講じていくなど、災害を未然に防ぐための活動
	危険予知活動（KY活動）	作業前に現場や作業に潜む危険要因と予見される災害について話し合い、作業者に危険度を意識してもらい災害を防止する活動
	安全当番制度	従業員の安全意識を高めるために安全に関するミーティングの進行役やパトロールを当番制で行う。
リスクアセスメント	作業に伴う危険性・有害性を洗い出し、業務上の負傷や疾病を無くす（減らす）ために取る手法（①から順に行う）。 ①作業の特定 ②リスク度合いの見積もり ③リスク低減における優先度の設定 ④リスク低減措置の検討、実施 ⑤記録	

23. 安全衛生

23-4 ルールの徹底

労働災害の多くは、ルールを守らないことによって発生します。

- ・禁止されている行為を行う
- ・機械操作の手順を守らない
- ・安全装備や防護用具をつけない
- ・換気をしない　等

災害の発生は、被災者の人生を狂わせます。使用者は、災害を発生させないよう、労働者にはルールを守るよう安全衛生教育を徹底する必要があります。

≪安全衛生の確保のための遵守事項：例≫

(1) 機械設備、工具等の就業前点検を徹底すること
また、異常を認めたときは、速やかに会社に報告し、指示に従うこと
(2) 安全装置を取り外したり、その効力を失わせるようなことはしないこと
(3) 保護具（イヤープラグ、アイガード等）の着用が必要な作業については、必ず着用すること
(4) 消火器前や非常扉の前には物を置かないこと
(5) 避難経路を確認すること
(6) 溶剤等を扱う場合は、局所排気装置を含め換気が十分であるか、作業環境を確認すること
(7) 20 歳未満の者は、喫煙可能な場所には立ち入らないこと
(8) 受動喫煙を望まない者を喫煙可能な場所に連れて行かないこと
(9) 立入禁止又は通行禁止区域には立ち入らないこと
(10) 常に整理整頓に努め、通路、避難口又は消火設備のある所に物品を置かないこと
(11) 火災等非常災害の発生を発見したときは、直ちに臨機の措置をとり、所属長に報告し、その指示に従うこと

24. 労働組合

24-1 労働組合

　労働組合とは、労働者が主体となって自主的に労働条件の維持・改善や経済的地位の向上を目的として組織する団体のことになります(注)。労働組合を結成し交渉する権利（労働三権）は憲法で保障され、労働組合の機能には、労働者の意見をまとめる等の機能があります。※→44ページ

　尚、労働者個々については、「団結に加わらない自由」があります。

(注) 政治運動や社会運動を主な目的とする場合は労働組合とは認められません。

| 勤労者の団結する権利及び団体交渉その他の団体行動をする権利は、これを保障する。 | 日本国憲法
第28条 |

≪労働三権≫
①労働者が団結する権利　　　　　団結権
②労働者が使用者と交渉する権利　団体交渉権
③労働者が団体で行動する権利　　団体行動権（争議権）

　労働組合は、民法の社団法人の規定を準用し、労働組合の正当な行為については、刑法上の正当行為として取扱い、民法上の損害賠償責任の免責を定めています。

24. 労働組合

24-2 組合活動

　組合活動は、就業時間外に、使用者の援助なしで、自力で運営することが原則となります。会社施設の利用についても同様です。但し、会社施設の供与にあたっては、最小限の広さであれば問題ないとされています。

　労働組合は、一般に組合活動にあたり、組合員から組合費を収受・徴収します。組合費は、組合員のために使われます。組合費の徴収は、給与天引きで行われる場合（チェックオフ）があります。

　チェックオフとは、使用者が組合員の賃金（給与）から組合費を天引きし、一括して労働組合に渡すことをいいます。組合費の給与天引きは、賃金の支払い5原則（全額払い原則）の例外的取り扱いになります。給与からの控除は、過半数労働組合との書面による協定の締結により、実施することができます。

24-3 不当労働行為

　労働組合法は、使用者が労働組合及び労働組合員に対して、不利益な取扱いをする「不当労働行為」を禁止しています。

　労働組合法は、会社が、労働組合に入らないことを採用の条件としたり、労働組合の組合員であることなどを理由に解雇や不利益な取扱い（給料の引き下げ、嫌がらせなど）をしたりすることを禁止しています。この様な行為を「不当労働行為」といいます。

24-4 労働協約

　労働組合法は、労働組合と使用者間で締結する労働協約に、労働契約を規律する効力を与えています。この労働組合と使用者の間で取り交わす書面を労働協約といいます。

　団体交渉で使用者と労働組合の意見が一致した場合は、その内容を書面にします。

　尚、労働協約は、就業規則や個別の労働契約よりも効力が強く、会社が、労働協約に定めた労働条件に反する内容の就業規則や労働契約を定めたとしても、その部分は無効となり、この場合は労働協約の基準による所となります。

　労働協約は、労働条件を中心とする労使交渉であるため、その締結にあたっては、それぞれの立場の理解（妥協点の模索と譲歩）が必要になります。

24. 労働組合

24-5 ショップ制

　ショップ制とは、働く者を組合員に限定するかどうかの定めをする制度をいいます。ショップとは職場や仕事場のことです。

　ショップ制には、労働組合への加入や脱退が自由なオープン・ショップ制、労働者は労働組合の組合員でならなければならないとするユニオン・ショップ制などがあります。

　尚、労働組合と使用者の間において、このショップ制の取り決めをすることをショップ協定といいます。ユニオン・ショップ協定を結ぶことができる労働組合は、事業場の労働者の過半数で組織されている組合です。

　ユニオン・ショップ協定では、使用者が団結権擁護の必要から当該労働組合から脱退する者を解雇することは有効とされています。

①オープン・ショップ制	労働組合への加入、脱退が自由
②ユニオン・ショップ制	労組法で定める一部の労働者以外は、必ず組合員でなればならない（組合員でなくなったときは会社の労働者でなくなる）。
③クローズド・ショップ制	使用者は労働組合に加入している労働者のみを採用する（組合員資格を失った者は解雇となる）。

■ 174

25. 紛争解決手続

25-1 紛争解決手続

　労働に関する紛争は、当事者が自主的に解決することが求められますが、当事者だけでは解決しない場合があります。そのため、紛争の解決にあたっては、通常の裁判とは別に、公平な立場で調整する第三者機関が設けられています。

　団体的労使関係における紛争解決（集団的労使紛争（労働争議））では、労働関係調整法において労働行政機関による調整手続があり、個別的労使関係における紛争解決（個別労働紛争解決）では、個別労働関係紛争解決促進法において、その解決を図ることができる様になっています。

　労働紛争は、個別・集団を問わず、当事者だけでなく、社会一般に損失をもたらすものです。労働関係の当事者は、紛争を防ぐために、事業継続の重要性を理解し、万一発生したとしても早期・円満に、解決することが望ましいといえます。

25-2 労働委員会

　労働委員会は、主に集団的労働紛争の解決を目的とした機関になります。集団的労働紛争とは、不当労働行為やストライキ（労働争議）などの紛争のことです。

　労働委員会には、各都道府県の「都道府県労働委員会」と、国の「中央労働委員会」があり、公益・労働者・使用者それぞれを代表する委員からなる三者によって構成されています。

　労働委員会では、不当労働行為があった場合に救済命令を発したり、労働争議を解決するために「あっせん」「調停」「仲裁」の調整を行ったりしています。

　尚、労働委員会による不当労働行為の審査手続は司法手続に準じた手続きとなります。

175

25. 紛争解決手続

25-3 個別労働紛争解決

　個別的労使関係における権利義務の紛争解決は、民事訴訟の手続によるところとなります。民事訴訟の手続は、通常訴訟、保全訴訟、少額訴訟、民事調停です。それ以外では、次の解決方法があります。

	民事訴訟	あっせん	労働審判
実施	裁判官	紛争調整委員	労働審判委員会（地方裁判所内に設置された司法機関）
手続	裁判所による判決（話し合いによる解決も可能）	話し合いによる合意	話し合いによる合意（不調の場合は労働審判委員会による審判となる）
相手方の参加	主張書面不提出で出頭せず→原告の主張を認めた事になる	任意→不参加の場合は手続き終了となる	正当な理由なく不出頭の場合は過料が発生する
法的効力	裁判所による判決（強制執行可）や和解	民事上の和解契約（強制執行不可）	合意や審判は裁判上の和解と同じ効力（強制執行可）
費用	有料	無料	有料
公開の有無	公開	非公開	非公開
要す期間	平均14〜15ヵ月	原則1回、2ヵ月以内が大半	原則3回以内、平均2.5ヵ月が大半

　尚、労働審判委員会が行う労働審判手続は、法律関係を前提した法解釈と証拠による事実認定によって解決を図ります。

■ 176

26. 労働者派遣事業

26-1 労働者派遣事業

　労働者派遣事業とは、「派遣元事業主が自己の雇用する労働者を、派遣先の指揮命令を受けて、派遣先のために労働に従事させることを業として行うこと」をいいます。使用者としての責任は、原則、派遣元が負います。派遣事業は許可制になっています。

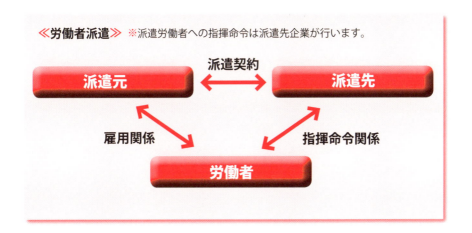

　労働者派遣契約が中途解除された場合であっても、労働契約法第17条の「やむを得ない事由」にはなりません。この場合、会社側の都合で派遣労働者を休業させた場合には、派遣元事業主は派遣労働者に対し、休業手当を支払う必要があります。

26. 労働者派遣事業

26-2 派遣禁止業務

派遣禁止業務には次の（1）〜（5）の業務があります。

(1) 港湾運送業務
(2) 建設業務
(3) 警備業務
(4) 病院等における医療関係の業務（但し、次の場合を除く）
　・紹介予定派遣の場合
　・産前産後休業等を取得した労働者の業務である場合
　・医師の業務であって就業の場所がへき地にある場合
(5) その他
　① 人事労務管理関係のうち、派遣先において団体交渉又は労使協定の締結等のための労使協議の際に使用者側の直接当事者として行う業務
　② 弁護士ほか8資格の業務
　③ 建築事務所の管理建築士の業務

26-3 マージン率

派遣労働では、派遣元事業主のマージン（率）に注目する必要があります。マージンとは、派遣料金（派遣先が派遣元へ支払う料金）から賃金（派遣元が労働者に支払う賃金）を控除したものをいいます（注）。マージン率は、派遣元事業主のホームページなどで確認することができます。

注）簡単に言えば、派遣会社の「儲け」です。

26-4 派遣と制限（直接雇用を促す規制）

　派遣労働が広がり、非正規雇用が拡大したことで、従業員を育てる機会が減り、結果として派遣労働者の雇用は不安定なものとなっています。そのため、国は正規雇用に転換した企業に対し、助成金を支給するなどして、派遣先や自社内での直接雇用を促しています。

　また、派遣法では、正規雇用への転換や直接雇用を後押しすべく、派遣労働を制限するための法改正が行われています。派遣就業にあたっては、派遣時、派遣期間、派遣先について、それぞれ制限があります。

　いずれも直接雇用や正規雇用への転換を念頭にした制限となっています。

（1）派遣時

　派遣先となる会社は、派遣労働者を指名することはできず、派遣開始前に面接を行うこと（事前面接）、履歴書を送付させることは禁止（注）されています。

注）紹介予定派遣を除く

（2）派遣期間

　派遣期間には次の制限があります。

・同一の派遣先の事業所に対し、派遣できる期間は原則3年が限度

・同一の派遣労働者を、派遣先の事業所における同一の組織単位に対し派遣できる期間は、原則3年が限度

（3）派遣先

　派遣法は「前の勤務先への派遣就業」を禁止しています（注）。

注）過去（離職後1年以内）に正社員（契約社員・アルバイトを含む）として働いていた会社には派遣労働者として働くことはできません。

26. 労働者派遣事業

　派遣には、直接雇用を念頭に置いた「紹介予定派遣」があります。紹介予定派遣とは、一定の派遣期間（6カ月以内）を経て、直接雇用する（職業紹介）ことをいいます(注)。

注) 紹介予定派遣は、あくまでも「予定」になります。そのため、直接雇用に至らないこともあります。

26-5 派遣元・派遣先 （労働法の適用範囲）

　労働関係法は、原則として派遣元事業主が雇用主として責任を負います。派遣労働者に対する災害補償についても派遣元の使用者が義務を負います。

　尚、派遣元、派遣先の責任は次のとおりです。

	派遣元（雇用主）	派遣先（勤務先）
就業に関するもの	・労働契約の締結	・仕事上の指揮命令
労働基準法	・労働条件の提示 ・賃金の支払い ・年次有給休暇の付与 ・休業時の休業手当の支払い	・労働時間 ・休憩 ・休日 ・時間外労働・休日労働等 （派遣元の36協定の範囲内となる）
社会保険関係法	・雇用保険の加入（勤務日数・時間数による） ・社会保険の加入（勤務日数・時間数による）	――
労働安全衛生法	・雇入れ時の安全衛生教育 ・一般健康診断	・特別の安全衛生教育 （危険有害業務・就業時） ・特殊健康診断の実施 （危険有害業務等） ・安全衛生管理 ・作業環境測定
労働組合法	・団体交渉の応諾義務	――
育児・介護休業法	・育児休業（出生時育児休業を含む）・介護休業 ・子の看護休暇・介護休暇 ・所定外労働・時間外労働・深夜業の制限	

　派遣労働者は、労働者派遣契約に基づいて派遣先にて働きますが、派遣契約が解約されても、原則、派遣元との雇用契約には影響しません。派遣先は、派遣労働者に対して具体的な指揮命令を行い、就業環境の管理を行います。

　派遣法では、労働基準法、労働安全衛生法、じん肺法、作業環境測定法、男女雇用機会均等法、及び育児介護休業法の一部事項については、派遣先が使用者とみなされ、責任を負うことが定められています。

181

26. 労働者派遣事業

26-6 請負との違い（派遣と請負）

請負は、仕事の完成を目的とするもの（民法第 632 条）になります。派遣と請負の違いは、注文主と労働者の間に指揮命令があるか否かです（注）。

請負には、指揮命令はありません。尚、業務委託も同様になります。

請負の場合は、請負会社が作業の完成についてすべての責務を負います。また、請負会社が請け負った作業について、発注者が請負労働者に対して指揮命令をすることはできません。※→ 28 ページ

注） 契約の名称を問わず、注文主と労働者に指揮命令がある場合には「偽装請負」となり、また不当な仕事の斡旋は、労働者供給事業に該当することになります。この様な偽装請負は派遣法の適用を受けることになります。

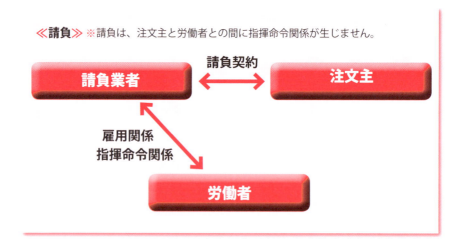

職業紹介事業、労働者派遣事業は、明確な違いが法律で定められていますが、請負を含め、労働の実態としては、曖昧なものが数多く見受けられます。

請負契約が締結されていても、注文主と労働者との間に指揮命令関係がある場合には、「労働者派遣事業」に該当し、労働者派遣法の適用を受けることになります。

27. 職業紹介事業

27-1 職業紹介事業

　職業紹介とは、「求人及び求職の申込みを受け、求人者と求職者の間の雇用関係の成立をあっせんすること」をいいます(注1)。

　職業安定法第44条は、「何人も、次条(注2)に規定する場合を除くほか、労働者供給事業を行い、又はその労働者供給事業を行う者から供給される労働者を自らの指揮命令の下に労働させてはならない」と規定し、労働者供給事業の禁止を謳っています。※→24ページ

　職業紹介には有料職業紹介事業と無料職業紹介事業があります。

　有料職業紹介事業は、許可制になります。事業許可の有効期間は新規3年、更新5年です。尚、次の職業については、有料職業紹介事業を行うことはできません。

■禁止されている職業 (注3)

① 港湾運送業務に就く職業

② 建設業務に就く職業

注1）法律上は職業紹介といいますが、実務では人材紹介と呼ぶこともあります。ヘッドハンティングも人材紹介に含まれます。
注2）職安法第45条「労働組合等が、厚生労働大臣の許可を受けた場合は、無料の労働者供給　事業を行うことができる」
注3）無料職業紹介事業に制限はありません。

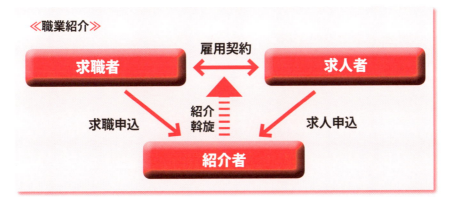

28. 労働への介入

28-1 労働への介入

　人材ビジネスは、「ヒト」を商材として、報酬を得る事業モデルとなっています。そのため、人材ビジネスの中には問題となっている事案も数多く散見されます。例えば、職業紹介は、求職者を求人者に紹介して手数料をその報酬として得る事業ですが、悪質な事業者は、コンサルティング契約なる業務委託契約を結び、労働者及び求人企業に継続的に業として関わり、手数料を当該労働者が勤務する都度、受領するなど、事業許可の有無にかかわらず、法的に問題がありそうな契約を取り交わしている実態があります。

　また、退職代行サービス（注）なるものもあり、退職に関する交渉等、労働者の代理行為が平然と行われている実態があります。

注）退職の意思表示を本人に代わって行い、報酬を受領するもの

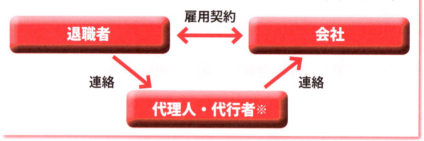

≪退職代行≫ ※代理人は弁護士、退職に関する手続は社労士以外、原則できません。

[Memo] ▶職業紹介の利用は自己責任で

　職業紹介などの民間サービスは、労働を商材とする商取引になります。商取引としては、役務に対する対価性はあるものの、商材は他者の労働（労働力）そのものになります。当事者が良ければ取引は成立しますが、この様な取引が繰り返し行われるようになると、単純業務では、人は物のように扱われ、消費の対象となるなど、様々な問題が生じてきます。働くのは自分で、辞めるのも自分ですから、就業先は労働条件を見て自分で決め、会社を辞める際も自分から言う、他人に依存しない、他人に介入させない、中間搾取させない、ということが大切になります。

29. 経営労務

29-1 経営労務

　経営は、一般にヒト・モノ・カネへの割り振りと言われています。

　ヒト（労務）をカネに結び付けると、投入した資金の使い方が適正かどうか、どうすると効率よく利益が上げられるか、生産性の指標に焦点が当てられることになります。

　売上から、売上を作るために発生する費用（変動費）を差し引いたものが、付加価値となります。給与は、この付加価値が原資となります。

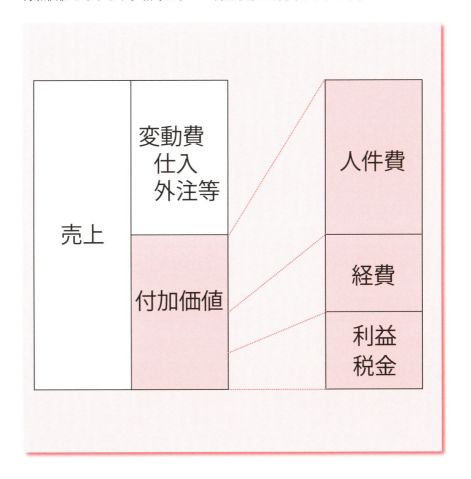

29. 経営労務

29-2 労働生産性・労働分配率

　労務で重要な経営指標に労働生産性と労働分配率があります。

　労働生産性とは、従業員1人当たりの付加価値であり、組織の稼ぐ力になります。労働分配率は、付加価値が従業員にどの程度分配されているかを見る指標になります。

労働生産性	付加価値÷従業員数
労働分配率（%）	人件費÷付加価値×100
人件費	労働分配率×労働生産性÷100 （人件費÷付加価値×100）×（付加価値÷従業員数）÷100
1人あたりの人件費	人件費÷従業員数

控除法：付加価値＝売上高 － 外部購入価額
加算法：付加価値＝経常利益＋人件費＋金融費用＋賃借料＋租税公課＋減価償却費

労働生産性が高い	＝	従業員1人当たりの生産性が高い
労働分配率が高い	＝	人件費（給与・賞与・退職金・福利厚生費等）が高い

　労務倒産という言葉がありますが、労働分配率が適正でなくなると企業は倒産するリスクが高まります。日本では、こうした事態にならないよう、労使協調で雇用を守り事業を健全化させていく労働慣行があります。

労働分配率を下げる方法	人件費を下げる
	付加価値額（売上総利益）を上げる

186

企業は、事業の継続と事業の発展（雇用を守り労働条件を向上させる）を目的に、人的資源を最大化させるべく、経営に人事制度、賃金制度、評価制度を取り入れます。

29-3 経営指標と人材の関係

経営指標と人材の確保・定着の関係では、賃金水準が高いと良い人材が集まりやすく、生産性は上がりやすくなります。また従業員満足度は高くなり、退職者も少なくなります。

但し、人件費が高くなり過ぎると労務倒産リスクが大きくなることから注意が必要になります。下表は、経営指標と人材の関係をまとめたものです。

≪経営指標と人材の確保・定着の関係≫

経営指標		効果	労務		傾向
			人材の確保	人材の定着	
労働分配率が高い 人件費が高い	賃金水準が高い 離職率が低い	生産性が上がりやすい(注)	よい人材が集まりやすい	退職者が少ない 従業員満足度が高い	設備投資が疎かになりやすい
労働分配率が低い 人件費が低い	賃金水準が低い 離職率が高い	生産性が上がりにくい	よい人材が集まりにくい	退職者が多い 従業員満足度が低い	設備投資がしやすい環境にある

注）最新機具等の設備投資が進められない場合は、生産性の低下を招く可能性あり。

29. 経営労務

29-4 モチベーション管理

組織は、従業員満足度が高いと離職率は低くなり、生産性は上がりやすい環境にありますが、モチベーションと給与の関係においては、給与が高ければ高いほど、やる気が出るものではありません。やる気は給与が増えても持続せず、充足されればまた元に戻るといった性質があります。

モチベーション管理では、給与は動機付けの一つであり、従業員満足度を上げるには、仕事そのもの（いわゆる「やりがい・働きがい」）や従業員個々の欲求に目を向けることが大切になります。

「やりがい」や個々の欲求については外からの動機付けよりも、本人の思いや考え（内側の動機づけ (注)）の方がやる気を高めるものとなります。

注) 内的動機づけ：クリエイティブな仕事、好きだからやる仕事、面白いからやる仕事、会社にとって重要な仕事（或いはその一部を担っている）など

尚、従業員の満足度を量るには、従業員意識調査（モラール・サーベイ）があります。また、自社の賃金水準は、賃金センサスや外部調査機関を利用することで知ることができます。

≪ハーズバーグの理論≫

衛生要因（仕事上の不満足要因）	動機付け要因（満足要因）
・上司との関係 ・対人関係 ・労働条件（労働時間・休日・給与） ・管理下にあること ・会社の方針 ・個人の生活 等	・仕事そのもの（やりがい） ・目標の達成 ・会社や上司から認められること ・責任 ・昇進 ・自己の成長 等
不満足要因は解消されると不満は減るが、満足感を得るものにはならない	長期の動機づけとなり、充足されると満足感が得られるもの

≪マズローの理論≫

高次の欲求 ↕ 低次の欲求	自己実現の欲求	自分の能力を最大限発揮したい
	承認欲求	会社や上司から認めてもらいたい
	社会的欲求	組織に所属していたい
	安全欲求	安全な環境にいたい
	生理的欲求	眠りたい・食べたい（生きていくための欲求）

低次の欲求が充足されると、より上位の欲求を求めるといったもの

30. 人事制度

30-1 人事制度

　労務管理は、募集、採用の実務から始まり、配置、評価・育成、活用、処遇、そして退職の実務があります。このうち配置から活用までの部分で、従業員を能力別・役割別にし、職位を設け、配置することを「人事」といい(注)、人的資源の最適化を企図して制度化したものを人事制度といいます。

　この人事制度に共通して必要となるのがビジョン（経営理念・行動指針・求める人物像）です。とりわけ「求める人物像の明確化」は、組織管理の実務（使用者権限行使の実務）では大変重要な意味を持ちます。

注）人事は会社が有する人事権の範囲で行われることになります。

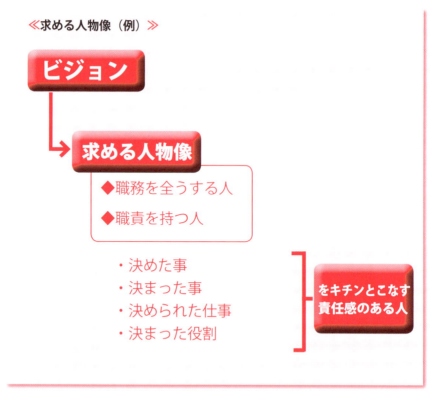

≪求める人物像（例）≫

30-2 職能等級・役割等級制度

人事制度を学ぶ上で理解しておきたい制度が「職能等級制度（職能資格制度）」です。職能等級制度は、人事の基本となる制度です。

職能等級制度とは、等級という階層を設け、職務遂行能力別に職能要件を定め、当該要件を充足したとき（現在の業務が完全にできるようになり、次の階層の業務ができると見込まれるとき）に上位の等級へ昇級していく制度になります（役割等級制度は、「職能」を「役割（職責）」に置き換えた制度になります）。

昇級は学校の進級と同じような卒業方式になりますが、等級制度は、年齢は関係ないため、完全にできるようにならなければ、同じ等級に何年もいることになります。

等級は部長や課長、係長といった職位（役職・ポスト）とは原則、異なるものになります。

役職は、指揮命令系統の中に組み込まれ（上司・部下の関係）、等級制度とは分離されますが、決められた等級の中から選ばれるといった定数方式（部長は7～9級の社員の中から各部門1名、課長は4～6級の社員の中から各課1名など）が取られることになります。

ただ、近年は就業人口の高齢化によってポスト不足が生じ、モチベーション管理に影響が出ていることから、この定数方式が見直されるとともに、事業の継続、技術・技能の継承から役職定年制（注）が広がっています。

注）一定の年齢に到達すると役職から外れる制度：例）55歳定年制

30. 人事制度

30-3 経営戦略としての労務管理（戦略人事）

経営戦略としての労務管理は、人材を企業経営における財産として位置付け、事業を成長させる源泉として捉えます。

これを人的資源といい、人的資源は労働市場における市場価値で把握され、マネジメント（管理）の対象となります（注）。

注）ヒューマン・リソース・マネジメント：HRM

人材は外部からも調達され、人的資源台帳（ヒューマンインベントリー）に書き込まれ、これをもとに、採用、配置・教育、登用、リストラクチャリング・アウトプレースメントが行われます。

下の図は、人材の定着と個人の属性（意識・欲求・価値観）、労働条件の関係を表した図です。個人の属性把握は、モチベーション管理にも使われます。

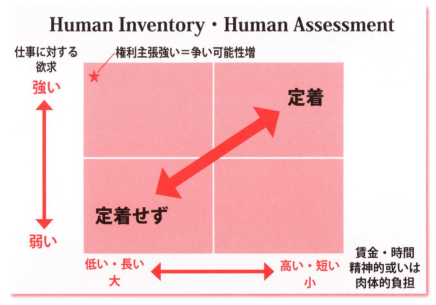

経営戦略としての労務管理では、この他、労務監査・CSR、ヒューマン・アセスメント、BPR（ビジネス・プロセス・リエンジニアリング）、アウトプレースメント（OP）などがあります。※→47ページ

30-4 労働力ポートフォリオ

　組織管理では、労働市場における価値とコアコンピタンス（事業の核）との関係性の深浅から労働力構成を再構築し、調達と契約の実務では、ヒューマン・アセスメント（資質・能力・適性等、労働市場からみた客観的評価・分析）を通して社内外の人材から配置・登用、調達（採用）等を行っていきます。

　労働力ポートフォリオ（労働力構成）では、前頁の図の「仕事に対する欲求」を「所属欲求」に読み替えます。一般に所属欲求が弱く、労働時間が短いパート・アルバイトは下図の左下に位置付けられ、左側が定型業務や派遣労働の領域になります。反対に右上の領域が正社員になり、右下が業務委託型のプロフェッショナル人材といった位置づけとなります。

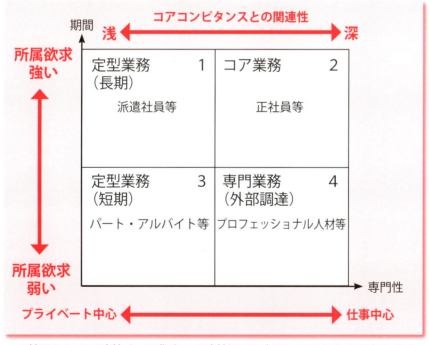

　正社員としての適性（コア業務への適性）には次頁のようなものがあります。会社は、従業員の職務適性と労働者本人の考え方・価値観から人事を行います。

30. 人事制度

≪**正社員に求められる価値観：例**≫

・企業内で出世することを重視する

・責任、権限の拡大を好む

・企業への忠誠心を持ち、企業の発展とともに生きる

・長期間の勤続を前提としてスキルを磨き、貢献していく

≪**マグレガーの理論**≫

Y理論	働くことは人間の本性であり、生まれながらに嫌いという事はない 条件次第で責任を受け入れ、自ら進んで責任を取ろうとする
X理論	人間は生来怠け者でできれば働きたくない 強制されたり命令されたりしなければ仕事をしない

30-5 多様な契約形態

　労働力ポートフォリオの再構築では、BPRを含め、個と組織、両方向から契約形態の理想的在り方を追求していきます。人的資源を柔軟に考え、適材適所（社内の人材を配置する）の視点から適所適材（社内外を問わず、この業務にはどんな適性が必要でどんな人材が必要か）の視点へシフトさせ、適性を分類していきます。合理性を優先すると、一つの組織に雇用や委託など、契約形態は混在していくことになります。

≪雇用と委託・請負の違い（原則）≫

	会社員	個人業主	
契約形態	雇用契約	委託契約	請負契約
契約内容（拘束）	労働時間・場所	業務の遂行	仕事の完成
成果	職務による	問われる	かなり問われる
対価	賃金	報酬	代金
指揮命令	あり	なし	
社会保険	健康保険・厚生年金保険	国民健康保険・国民年金	
労働保険	雇用保険・労災保険	なし	
契約上の法律	労基法・最賃法・労働者契約法・定年法（注）・育児介護休業法 注）高齢者雇用安定法	民法・下請法　等	
仕事をする上での法律	民法・不正競争防止法等	消費者契約法・特定商取引法・家内労働法　等	

[Memo] ▶「委託」と「請負」の違い

　　委託契約は「業務の遂行」を、請負契約は、「仕事の完成」を目的としています。どちらも基本的に自らが仕事を調整して、その責任で業務にあたります。受託者は業務の遂行を、請負人には仕事を完成させる義務があります。委託と請負では、請負の方が受注者にとって自由度が高くなる反面、仕事の完成が厳しく要求される契約となります。請負人は、仕事の完成前に自分の責任でない災害などで、仕事を最初からやり直さなければならなくなっても、原則、余計にかかった費用を請求することができず、また、成果物が不完全なものであれば、発注者から不完全な点の補修や損害賠償を求められます。そして、成果物が契約の目的を達成できないほど不完全なものであれば、契約を解除されることがあります。

31. 賃金制度

31-1 賃金制度

　賃金制度は、労務管理フローの処遇の部分です。

　高度経済成長期は、終身雇用が可能と思われた時代でしたので、年功主義（年齢給、勤続給）でも問題なく運用できていましたが、終身雇用が叶わなくなった近年においては、能力主義（職能給）がこれに取って変わり、現在は業務や役割・成果（職務給、役割給、成果給、年俸制）に応じた処遇決定が主流になっています。

31-2 労働市場と給与

　従業員個々に支払われる給与額は、会社の規模、会社の経営状況によるところですが、給与（報酬）の多少や水準は、労働市場における需要と供給から決まります。

　人手が少なく需要が多ければ、その希少性から給与（報酬）額は高くなります。また、単純作業ではない複雑な仕事、代替が利かないような仕事で精神的負担・肉体的負担の大きな仕事は、給与（報酬）額は高くなる傾向にあります。

　労働市場（転職市場）における評価は、どこにでも通用するスキルは当然のこと、過去の実績や経験、成長が見込める分野で技能を持つ人ほど、その評価は高くなります。

[Memo] ▶「起業」はハイリスクハイリターン
起業など、大きなリスクがあるものは、リターンも大きくなります。より多くの報酬を求めるのなら、転職だけでなく、リスクを取った起業も選択肢の一つとなります。

31-3 給与と能力（合理的差）

　給与は、誰にいくら支払うかは基本、会社の自由ですが、組織管理においては公平性が大切になります。そのため、同じ能力で同じ成果なら、同じ給与額である必要があります。反対に、仕事の成果や能力に差があれば、給与額に差を設ける必要があります。※→68ページ

　この様に仕事の成果や能力（注）に差がある場合には、給与額に差が生ずるのは公平性の観点からは必然であり、その差は合理的差となり、「公平である」といえます（合理的差に対し、待遇差が無い場合は、民主主義では公正な処遇とはいえません）。

　モチベーション管理の視点からは、従業員が努力したら努力した分だけ、正しく評価する必要があります。

注）能力には、コミュニケーション能力も含まれます。

31. 賃金制度

31-4 タイムパフォーマンス

　時間当たりの成果を「タイムパフォーマンス」といいます。主に職務評価で用いられます。生産性の向上や意識改革を目的とし、目標管理制度や面接制度と組合せて、また成果主義における年俸制や月給制等の時間管理手法（時間換算したときの仕事の成果）の一つとして用いられます。

31-5 職位と給与

　給与体系は、主として基本給と手当に分けられ、従業員給与は、能力や役割（職責）等から賃金表や賃金テーブルに当てはめられ、各人毎に決められることになります。職責が大きくなると、給与額は高くなり、仕事に対する自由度が高くなります（注）。その一方で仕事に成果や結果が求められるようになります。

注）仕事の進め方

　下図は、職位・階層と給与体系の関係性を表した全体イメージです。

≪職位と給与の関係：例≫

階層	職責	責任と権限	処遇区分	基本給	手当等	職位 (指揮命令系統)
管理職	管理	大 ↑ ↓ 小	業績管理対象	年俸制	──	執行役員
						部長
中間管理職			業務管理対象	職能給 職務給 年齢給 勤続給 等	管理職手当	マネージャー
						課長
						係長
	監督		時間管理対象		業務手当 時間外勤務手当 等	主任
						副主任
責任者						リーダー
						副リーダー
一般職	業務遂行				時間外勤務手当等	一般上級 （シニア）職
						一般職

199

31. 賃金制度

31-6 労働時間と手当

　労基法は、法定外の時間外労働や休日労働に対し、割増賃金の支払いを義務付けていますが、営業職や管理職の給与支給の実際では、これらの者については残業代が付かない者として、取り扱われていることがあります。

　残業代の代わりとして、営業手当や役職手当を支給しているようなケースです。

　外回りの営業職については、労働時間の算定が困難な場合には、事業場外のみなし労働時間制が適用されることはありますが、この適用は労働時間が算定できない場合に限られ、かなり限定的な対応となります。

　また、管理職者については、他の従業員をまとめ、指揮命令する立場になく、人事権や決済権を持たないような場合（いわゆる「名ばかり管理職」）は、仮に管理職者として役職手当等の支給があったとしても、その額の妥当性がみられることになります。

　よって、管理監督者として否認されれば、割増賃金は全額必要となります。尚、手当の額に割増賃金が含まれている場合には、その手当の額が実際に勤務した時間数から計算した割増賃金額（残業代）より低ければ、その差分の支払いが求められることになります。

31-7 固定残業代 (みなし残業制)

　労働時間管理や賃金管理の実務では、一般に固定残業制(みなし残業制)と呼ばれる制度があります。この制度は、もともと法律上の制度ではないのですが、長時間残業による健康管理や残業代増加の抑止を目的として広く導入されている制度になります。

　固定残業制は、予め1ヵ月の残業時間数を決めておき、従業員には、この予め設定された時間数を超えないように勤務するという制度です。

　運用方法は、固定残業代などの名目で割増賃金が含まれる給与として、固定

200

額を支払い、その含まれる時間数と金額を労働者に明示した上で、含まれる時間数を超えて勤務した場合に、超えた時間分を含み残業時間超の時間外労働として割増賃金を支払うといった方法になります。

≪固定残業代（例）≫

	月給		備考
基本給	160 時間	192,000 円	192,000 円 ÷ 160 時間 ＝1,200 円
固定残業代	30 時間分	45,000 円	192,000 円 ÷ 160 時間 × 1.25 × 30 時間

31-8 年俸制度の運用

　年俸制度は、労働者本人の業績や能力、貢献、成績等によって報酬（給与）額を変動させることができる賃金制度です（注1）。

　年を単位として報酬（給与）額を決めることから「年俸」といいます（注2）。

　年俸制度は、「年俸通知書」によって運用します（注3）。年俸通知書は、個々の労働者と会社間で個々に締結、合意する書面になります。

　よって、年俸通知書に記載される年俸の期間（注4）と、かかる期間の報酬（給与）額は、労使双方、記載内容に拘束されることになります。

　尚、年俸であっても、労使間で特別な定めをしない限りは、ノーワーク・ノーペイの原則は適用されます。

注1）時間より仕事の内容に重きを置いた制度ですが、時間管理は必要になります。
注2）半期や四半期単位もあります。
注3）面接制度や目標管理制度と合わせて運用することが多いです。
注4）雇用期間とは別になります。

31. 賃金制度

≪年俸通知書（兼 合意書）：例≫

〇年〇月〇日から〇年〇月〇日まで（以下、対象期間という）の甲が乙に支払う賃金については年俸制とする（入退職月は日割計算とする）。年俸制は、目標設定及び目標達成度、目標達成状況（売上、粗利率）から査定をして運用する。甲は、乙の目標達成状況に応じて、対象期間満了日の3ヵ月前までに査定を行い、年俸額の昇・降給改定の必要がある（年俸更改という）場合には、原則として、対象期間満了日の2ヵ月前までに、次期年俸額を乙に通知することで行う。

31-9 賞与・退職金

モチベーション管理では、賞与の支給や退職金制度の導入も検討事項の一つとなります。

退職金制度は、一般に労働者の長期勤続を促すための制度で、功労的な意味合いから支給されるものと位置付けられています。

賞与については、一般に会社の業績や労働者の貢献に応じて、月例給与とは別に支給されるものとして位置付けられています。

賞与や退職金の支給は、労働条件通知書や雇用契約書、就業規則等で、「支給する」と明示されていない限りは、原則、支給するか否かは、会社の自由となります。よって、「賞与の支給は会社業績による」、「会社は、貢献のあった者に対し、退職金を支給することができる」といった記載になっている場合は、支給の有無や個々に支給される額は、会社が決めるものとなります。

尚、賞与総額の決定には、一般に次の2つの方法があります。

① 売上高に人件費率を乗じて賞与総額を決定する方法
② 付加価値に一定の労働分配率を乗じて賞与総額を決定する方法

従業員個々に支払われる賞与額については、一般に従業員の成果・貢献、能力、役割（職責）等から決定されることになります。

■ 202

32. 評価制度

32-1 評価制度

　人事評価には、評価軸と評価基準が必要になります。評価軸とは、一般に評価をするための区分（考課区分）をいい、業務に必要なスキル・知識を前提に、業務遂行能力（業務処理能力や理解力など）について評価（これを職能評価といいます）します。職能を職責と結び付けた評価が役割評価です。

■人事評価

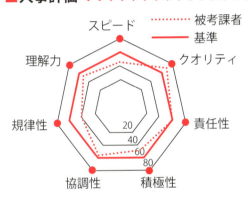

　人事評価は、考課区分毎の評価基準に照らし、評価対象者がどのレベルであるのか、上長（考課者）が評価することで行います。評価基準とは、簡単に言えば「モノサシ（物差し・定規）」のことです。

　評価は、部署別に予算や持ち点を決めて分配する方法、部門別・職種別に係数を決め、得点に乗じて算出する方法、考課区分別に得点を出す方法（情意考課の規律性は減点方式、その他は加点方式等）、本人に持ち点を与え、他者に対する評価において持ち点を分配する方法（360度評価）などがあります。

　評価結果は数値化し、賃金制度に結び付けることが評価制度の最終的なゴールになります。

■評価方法

　評価には、一般に絶対評価と相対評価、定量評価と定性評価があります。
　絶対評価とは絶対的基準（評価基準）に照らし、その優劣から評価することをいい、相対評価とは被考課者（評価される側）を成績順に並べ、上位25％をA（5点）、25～45％をB（3点）……など、分布から評価すること（相対

32. 評価制度

的な関係から評価すること）をいいます。

定量評価は成果・実績など、数値化されたものに対する評価をいい、定性評価は能力や行動、情熱や意欲など、数値化されていないものに対する評価をいいます。

■考課区分 ◇◇◇◇◇◇◇◇◇◇◇◇◇◇◇◇◇◇◇◇◇◇◇◇◇◇◇◇◇

考課区分には、一般に情意考課、成績考課、能力考課があります。情意とは情熱・意欲のことで、成績考課とは「仕事の成果」をいいます。仕事は「質と量」、職責（役割）で評価します。仕事の質とはクオリティ（内容・正確性）、仕事の量はスピードをいいます。※→222ページ資料

■評価基準 ◇◇◇◇◇◇◇◇◇◇◇◇◇◇◇◇◇◇◇◇◇◇◇◇◇◇◇◇◇

評価基準は、職位（階層）や職種別、作業区分や業務難易度、技能レベル別に設けられます。求める役割や職能は「要件書」にまとめられ、被考課者の到達レベルから評価されることになります。評価結果は、人事制度や賃金制度に反映されます（昇級、昇進、昇給、年俸、職能給など）。※→222ページ資料

≪階層別考課要素（職能評価・役割評価：例）≫

	成績考課	情意考課	能力考課
管理職	仕事の質 目標達成度 管理・統率・調整	責任性 積極性 協調性 経営意識	知識・技能 決断力 管理統率力 渉外力 開発力
中間管理職	仕事の質 仕事の量 指導・育成・監督	規律性 責任性 積極性 協調性	知識・技能 判断力、指導監督力 企画力 折衝力
一般職	仕事の質 仕事の量	規律性 責任性 積極性 協調性	知識・技能 理解力 表現力 創意工夫力

32-2 考課エラー

人が人を評価する人事評価（人事考課）では、「考課エラー」を理解しておく必要があります。考課エラーは、評価する側（考課者）の性格、自信のなさ、考課者訓練や評価経験の少なさ（論理飛躍等）、被考課者（評価される側）に対する感情や行動把握度合、考課者たる自分との対比に起因するものとされています。考課エラーには、次の種類があります。

ハロー効果	ハロー(halo)とは、後光(仏像などの光背)のことをいい、被考課者の全体的、或いは部分的な印象によって、個々の要素について評価してしまう傾向のことをいいます。このハローによって評価が歪んでしまうことをハロー効果といいます。
対策	・考課区分の定義を確認する。 ・行動観察をし、1行動1考課のルールを徹底する。
寛大化傾向 厳格化傾向	全般的に評価を甘くしてしまうことを寛大化傾向といいます。反対に厳しくなり過ぎる評価を厳格化傾向といいます。
対策	・基準を理解し、絶対評価を行う。 ・人間関係に左右されないよう事実（行動）から判断する。 ・評価に不安がある場合（評価に自信がない場合）は考課者訓練を積む。
中心化傾向 極端化（分散化）傾向	中心化傾向とは、要素に優劣があるにもかかわらず、評価が中心に集中することをいいます（5段階評価なら真ん中の3の評価、S・A・B・C・DならB）。反対に、差を付けようとして意図的に評価をバラけさせてしまうことを極端化傾向といいます。
対策	・行動を観察し、人事考課の着眼点事例集をもとに評価する。 ・考課者訓練を積む。
論理的誤差	論理的誤差とは、関連性のありそうな要素を同じ評価にしてしまう傾向をいいます。
対策	・考課区分の定義を確認し、区分毎に評価する。 ・事実を分析する。
対比誤差	対比誤差とは、考課する側が自分を基準に被考課者を対比させて、自分より優れている要素、劣っている要素について、極端に評価してしまう傾向のことをいいます。
対策	・客観的な評価を心掛ける。 ・要求水準が自分対比でないことを確認する。 ・考課者自身が自分の特性を理解しておく。

32. 評価制度

32-3 360度評価

　評価は、一般に上長（上司）が部下の仕事ぶりを見て評価（査定）しますが、中間管理職の評価では、多くの目を入れるという観点から、同僚や部下による評価（被考課者が所属する部下による評価）を取り入れることがあります。これを360度評価といいます。

　360度評価では、被考課者（中間管理職）は、部下や同僚からの評価も評価の対象となります。

≪360度評価（例）≫

32-4 コンピテンシー評価

コンピテンシーとは適性や能力をいいます。

評価には「モノサシ」が必要ですが、この評価尺度を過去の成功事例や成功モデル（優秀成績者の思考や行動パターン）から設定したものが「コンピテンシー」です。

コンピテンシー評価は、成功事例や成功モデルから考課区分が作られるため、その評価とフィードバックは具体的であり、即戦力となるのが特徴です。

[Memo]

▶ **コンピテンシー評価（実務）**

コンピテンシーは、ヒューマン・アセスメントに位置付けられることから、その評価にあっては、外部専門家（人事コンサルタントやアセッサー等）が行うことも多く、近年は労働態様の変化を受け、レジリエンス（乗り越える力）やEQ（心の知能指数：人間関係力・コミュニケーション力）が評価されるようになっています。

33. 目標管理制度・教育制度

33-1 目標管理制度・教育制度

　目標管理（Management by Objectives）とは、目標による管理をいいます。目標を達成するという結果を出すために、その過程で生じる問題を見つけ、解決し、また目標達成するための仕事の進め方を考え、管理していくことをいいます。これらはPDCAサイクルで回していくことになります。

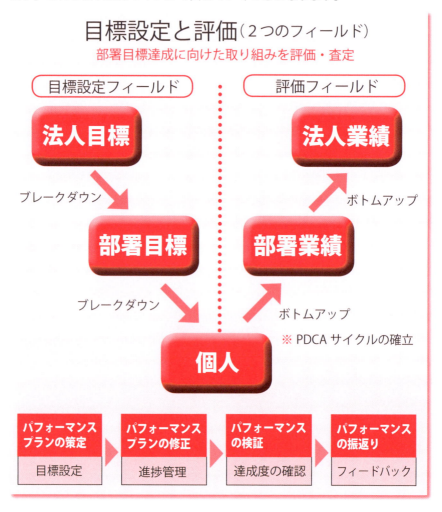

目標管理制度は、組織目標と社員の個人目標が一体になれば、個の成長が企業の発展に繋がるとした考え方の上に成り立っています。社員は自己の職務について細かく目標を設定し、その目標の達成に向かって努力します。

　小さな達成感の積み重ねが「動機づけ」に繋がります。そのため、目標管理制度は、教育制度の一環としても機能しています。

33-2 PDCA サイクル

　PDCA サイクルとは、Plan（計画）、Do（実行）、Check（評価）、Action（改善）の頭文字を取った経営手法のことをいいます。人材開発、人材教育、人材の定着（自己分析及び自己啓発）にも活用されています。

Plan（計画）	目標を設定し、計画（アクションプラン）を立案します。
Do（実行）	計画を実行に移します。
Check（評価・測定）	実行した内容の検証を行います。
Action（改善・対策）	検証結果を受け、今後の対策や改善を検討します。

33. 目標管理制度・教育制度

33-3 目標管理制度の構築・導入

目標管理制度の構築と導入にあたっては、次の視点があります。

≪全体設計≫
① 評価制度と結びつけるか？
② 面接制度を入れるかどうか？
③ 賃金制度と結びつけるかどうか？
④ 昇降給制度（年俸制）を導入するか否か？
⑤ 組織目標と個人目標をどう結びつけるか？

≪導入時の論点≫
* 個人目標設定とその全社的位置づけ
　（ブレークダウンによる目標設定と部署別係数設定）
* 個人目標達成と全社的見地からの貢献度把握
* 個人目標達成とその対価の算出方法
　（部署予算制、総ポイント制、レート設定）
* 部署目標と部署間格差の是正（部署間会議、人事委員会）
* 係数設定方法について（点数方式による総合点方式）
* 目標ごとの達成測定が生む複雑化について（〃）
* 既得権・期待権について

33-4 目標管理制度の運用

　目標管理制度は、目標の設定とその達成度の確認にあたっては、通常、評価制度と結びつけ、面接制度を通じて、本人へフィードバックを行います。

　目標の設定は、達成のためのシナリオ（仮説）が正確に描けたときに、結果が現れる（目標が達成できる）とする前提で行われます。目標は、数字で表すことが求められ、数量化・数値化が図れない目標は、評価の対象から外します。

　目標設定では、件数・金額・率・回数等、売上や業務の効率化に伴う数字を用います。

例：削減率・消耗率・回転率・時間短縮率・担当人員数

　尚、業務の性質上、数値化が困難なものについては、項目ごとの現状分析からどのレベルまで持ち上げられたのか、達成された状態をその評価の対象とします。

34. 面接制度

34-1 面接制度

面接制度は、人事評価の一貫として、賞与査定や昇級（昇給）時、年俸制や目標管理制度などで用いられます。

評価	処遇

面接制度の進め方（MBO の場合：例）	
一次面接	事前に被考課者から提出された今期パフォーマンスプランと対象期間中の当該被考課者の職務遂行度合いについて、当該被考課者と成果を確認する形で行う。また、合わせて、フィードバックを行い、当該被考課者から提出された次期パフォーマンスプランの検討（差戻し含む）と考課者・被考課者で次期の目標設定を行う。
二次面接	今期パフォーマンスプランと対象期間中の当該被考課者の職務遂行度合いについて、当該被考課者と成果を確認する形で行う。また、成果の理由を当該被考課者から聞くとともに、次期の目標について、その具体的方法（プレゼンテーション）を聞く。
評価	今期パフォーマンスプランの実現状況、二次面接結果と期待値、次期パフォーマンスプランで評価される。中間管理職については、360 度評価と部下の今期のプラン精度、部下の次期パフォーマンスプランの内容と、部下のプレゼンテーションの指導力で評価する。
評価方針	今期パフォーマンスプランの実現状況（目標の達成度）から評価する。会社の採用するビジョン・方針（例えば「チャレンジ主義」など）に照らし、目標の高さとその取り組み、達成率の高さで評価する。 ≪ビジョン・方針：チャレンジ主義（例）≫ 「仮に高い目標での達成率が低かった場合、低い目標で達成率が高かった場合では、前者の方を評価する。尚、目標設定が前年割れ、現状ダウンしている場合は、目標の定義から外れ、評価はゼロ評価（或いはマイナス評価）とする」等

面接は、面接担当者が査定（評価）対象期間中の被考課者の成果について、達成度を対話形式で確認します。面接担当者は、項目ごとに主体的にインタビュー方式で進め、対話の中で職務遂行度合いや達成度合いを確認します。

34-2 フィードバックの実務

　仕事に対する評価は、本人にフィードバックすることで完結します。どの部分が素晴らしく、どの部分が「求める水準」に達していないのか（より求められるのか）、モチベーション管理では面談を通じて、各人へパフォーマンスのレビューを行います。

　フィードバックは、評価基準に照らして行う方法と自己の目標の達成について行う方法があり、面談のイニシアティブは労使それぞれパターンがありますが、いずれであってもポイントは、自己の成長を組織の成長と位置づけ、これをPDCAサイクルで回すことが大切になります。

　また、評価対象者がこのサイクルを通じて自己の成長を感じ取れるかが重要になります。

[Memo] ▶「フィードバック」で進める意識改革
　本人へのフィードバックは面談に技術やスキルを要します。従業員との面談では、評価基準を下に、話す内容を決めておきます。評価を通じて従業員の意識改革を進めていきます。尚、モチベーション管理が進むと従業員は定着します。

35. 企業の社会的責任

35-1 企業の社会的責任 (CSR)

持続可能な社会の実現に向け、企業の社会的責任 (注1) が問われています。

事業活動は、人々の消費や労働によって支えられていることから、CSRでは、事業者に持続可能な社会を作る責務があるとし、企業にステークホルダー（利害関係者：消費者や投資家をはじめとする社会）に対する説明責任を求めています。尚、企業の社会的責任には、次の4つの取り組みがあります (注2)。

注1) CSR：Corporate Social Responsibility
注2) 労働では、強制労働の排除、児童労働の廃止、雇用と職業に関する差別撤廃等があります。

社会との関係性においては、人々の消費行動がもたらす社会への影響も無視できません。そのため、CSRでは社会の構成員たる人々にも「責任ある行動（自主的な取り組み）」を求めています。

35-2 ビジネスと人権

わが国は、国連の報告書に記された「ビジネスと人権」の重要性を受け、指導原則を明示しています。労働の分野では CSR になり、内国法の実務ではサプライチェーンにおける労務監査（注1）がその中心にあります。

「ビジネスと人権」の理解不足（人権に関するリスク）は、企業の社会的信用を失墜させることにも繋がりかねず、時に不買運動や国家間の問題にまで発展する可能性があります。そのため労働者の人権保障は、グローバル企業（※）の重要な経営課題の一つとなっています。

※サプライチェーンだけでなく多国籍企業のバイヤーも含まれます。

≪ビジネスと人権に関する指導原則≫

人権を保護する国家の義務	人権を尊重する企業の責任	救済へのアクセス
・国家の規制 ・国と企業の連携	・企業方針によるコミットメント ・人権デューデリジェンス	・司法手続き ・苦情処理の仕組み

≪ビジネスと人権≫

・人権基準の遵守 ・パートナーシップの構築	透明性と追跡可能性
	サプライヤー管理の徹底
	苦情メカニズム
	人権デューデリジェンス
	ステークホルダー・エンゲージメント
	救済措置

215

35. 企業の社会的責任

　サプライチェーンにおける人権リスクとブランド影響力の関係は下図に集約されます。サプライチェーンでは、下流にいくほどブランドの影響力は小さくなり、人権リスクは大きくなります。

　労務監査では、法令を含めた監査項目に対する適否の調査・評価が行われ、是正勧告や指導、助言が行われます（注2）。

　サプライチェーンの監査では、取引停止等の厳しい措置が取られる場合もあります（注3）。

　尚、監査項目の1つである人権に関する調査では、強制労働や児童労働禁止はもちろん、ジェンダー平等や障害者雇用、宗教（注4）をはじめとする差別的取扱い禁止も監査の対象となります。

注1）専門機関や取引先による監査。外国人の育成就労制度における労務監査も含まれます。
　　　外部監査人や監理責任者は、社会保険労務士などの実務家が就任することが多い。
注2）行政機関（労基署）の調査とは別に行われるものになります。
注3）近年は、懲罰的アプローチからサプライヤーとのパートナーシップに変化しています。
注4）宗教上の違いによる教育方法や食文化の違いなど異文化理解も含まれます。

　「ビジネスと人権（個人の尊重）」において、全体利益（不利益）と個の利益（不利益）に利害が生じるときは、客観的視点から利益・不利益を較量の上、利益衡量と利害調整が求められることになります。

[Memo] ▶「CSR」の本来の目的

　CSR でいうジェンダー平等や障害者雇用、人権や LGBT 理解は、差別やガラスの天井を作らない社会の実現に、環境問題への対応は持続可能な社会の実現に寄与することを目的としています。一方で、ポジティブアクションをはき違えた性排除運動や多様性の容認を強要する活動、一部の環境活動家による暴力的活動、差別利権の獲得を目的とする活動工作や解放運動、暴力的政治活動は、CSR とはいわず、企業ガバナンス上、関わってはならない社会運動・政治活動標榜ゴロとなります。

36. 労務監査

36-1 労務監査

　労務監査は、事業継続を阻害する労務リスクの発見を目的としています。よって、労基署が行う調査、是正勧告・是正指導とは異なるものになります。

　労務監査には、自社が自費で行う自主的な監査、サプライチェーンにおける発注元メーカーの要請にもとづいて行われる外部監査があります。また、あらかじめ訪問日時を通知して行う監査と、抜き打ちで行う監査があります。

　外部監査機関が行う労務監査（調査）は、より安定した会社経営を、そしてステークホルダーとの「より良い関係」を構築することを目的としています。

　外部監査には、現地での点検（調査・確認）があり、監査人は、社会保険労務士などの外部専門家が務めます（注）。

注）外部監査人は、経営環境を把握した上で、就業実態を調査していきます。

　現地点検では、規程類の確認、サンプリングによる調査、巡回確認が行われ、従業員・管理職者、人事担当者に対するインタビューとヒアリングが行われます。

　現地点検は、一般にオープニングミーティング、書類の確認、サンプリング、巡回、インタビュー・ヒアリング、クローズドミーティングの順で進められ、労働関係諸法令等の遵守状況、改善状況確認（定期監査の場合）が行われ、最終的に報告書（レポート）にまとめられます。

　サプライチェーンにおける労務監査では、巡回時の指摘事項はクローズドミーティングの際に再確認され、点検結果は、サプライチェーンに関わる事業体共通の責任として、監査依頼元と共有されることになります。

尚、点検結果で指摘がある事項については、改善を行い、以後、定期監査で確認が行われます。
　改善されていない場合は、いつまでにどの様にするのか、対応方法を決めます。
　労務監査対象項目には、主に①労働契約関連、②労働時間関連、③年次有給休暇関連、④就業規則関連、⑤法定帳簿関連、⑥安全衛生関連、⑦均等法・育児介護休業・高齢者雇用関連、⑧労働・社会保険法関連、⑨最低賃金・割増賃金・給与計算関連、⑩育成就労（旧外国人技能実習制度）関連の項目があります（注）。※→ 225 ページ

注）調査項目は、監査（調査）機関によるところとなります。

【special　thanks】
制作協力：特定非営利活動法人 税法労務協会
　　　　　シンクタンク岡事務所
　　　　　ナイン・ヒル・パートナーズ株式会社
　　　　　　主席研究員 井上 正子
　　　　　　主席研究員 細沼 広和
　　　　　　主席研究員 多田 義孝
　　　　　　業務部主査 菊地 孝枝
　　　　　　客員研究員 岡 毅
企画・プロデュース：アイブックコミュニケーションズ
編集・デザイン・挿画：矢野政人・立花リヒト・ATSUKI・ayana・KEIGO

≪ハラスメント事案への対応フロー≫

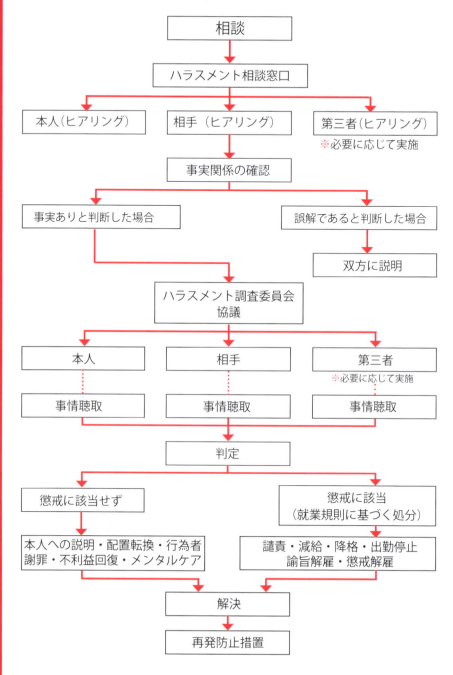

≪配置・登用・調達（採用）・OPの実務≫

① どの様な価値観・考え方の人がいるのか（業界、自社内）洗い出す
② 価値観の座標（労働力ポートフォリオ）を作る
③ 人材をプロット（4つのフィールドで分類：本来の賃金及び契約形態（時給、月給、年俸、有期・無期））
④ 従業員定着に向けて、何がその人に必要か（足りていないのか）
　・本人が意識を変えることを受け入れられる人か
　・意識改革が可能な人か
　・教育するに相応しい人かどうか
⑤ 従業員をランク別にし、要員計画（コアコンピタンスとの関係性）の中に落込む
⑥ 個別の人材開発計画に従い、評価基準となる「物差し」を用い、モチベーション管理、処遇の決定に繋げる
⑦ 社内に適任者がいなければ、外部から調達（或いは外部と契約）する

≪作業分類：例≫

レベル	作業基準
深	3〜4年で「完全」にできるレベルの作業 （2〜3年で「独力」でできるレベルの作業）
中間	2〜3年で「完全」にできるレベルの作業 （1〜2年で「独力」でできるレベルの作業）
浅	1〜2年で「完全」にできるレベルの作業

	技術基準
完全	独力で責任を持って業務を遂行することができる。上司からの指導は全く必要とせず、部下に指導でき、状況変化にも対応できるレベル。
独力	援助がなくても、一人でミスなく業務が遂行できる。上司からの指導は殆ど必要としないが、状況変化には指導がないと対応できない。部下には部分的に指導できるレベル。
援助	指導を受けながら一定の範囲でミスなく業務が遂行できる。上司からの指導は時々必要とし、状況変化への対応や部下への指導はできないレベル。

≪業務難易度：例≫

階層	難易度	責任	能力	精神的負担	合計
1	単純定型補助	/10	/10	/10	/30
2・3	熟練定型	/20	/20	/20	/60
4・5	熟練非定型・判断・指導・監督	/30	/30	/30	/90
6・7	企画立案・管理	/40	/40	/40	/120
8・9	決断・調整・統率	/50	/50	/50	/150

≪ 評価区分と着眼点（例）≫

項目（例）		評価着眼点
仕事の成果	仕事の正確性	□業務の進め方や仕事の段取りは適切であったか？ □業務上のミスは、どの程度あったか？（計算ミス、入力ミス、連絡ミス、誤記入など） □業務マニュアル（指示書）に従って仕事をしていたか？ □確認や点検をしながら業務を進めていたか
	仕事の出来栄え	□成果物は指示された通りの出来栄えであったか？ □業務の指示を理解し、それに合った品質であったか？ □仕事の結果に工夫や改善はあったか？
	仕事の処理量	□業務量は、どの程度であったか？ □部署への貢献度はどの程度であったか？
	期限の速さ	□仕事は期限内に完遂できたか？ □処理スピードはどの程度であったか？ □段取りも考えながら仕事をしていたか？
情意考課（努力過程）	勤務態度 規律性	□職場内のルールを守っていたか？ □規律ある行動をとり、まじめな勤務態度であったか？ □上司の指示命令に従っていたか？ □遅刻、早退、欠席などはなかったか、無断離席、私語などなかったか？
	勤務態度 責任性	□自分の役割を理解し、会社の期待に応えようとしたか？ □不明な点は調べ、上司や同僚に確認していたか？ □与えられた仕事は困難にぶつかっても、最後までやりとげたか？ □納期や期限を守るための努力をしていたか？ □上手くいかなかったときは、その原因を究明し対策を立てたか？
	成長欲 積極性	□仕事の量を増やす努力をしていたか、仕事の質を向上するための工夫をしていたか？ □問題意識をもち、業務改善に向けたアイディアや提案を行っていたか？ □会議などで、前向きな意見を述べていたか？ □専門知識を増やし、能力の向上に向けた努力をしていたか？（自己啓発）
	チームワーク 協調性	□全員が一丸となるよう仕事に取り組んでいたか？ □他人の意見にも耳を傾け、相談しやすい立ち居振る舞いをしていたか？ □他部署からも信頼を得ていたか？ □自分のことだけでなく、同僚や上司の仕事も進んでサポートしていたか？

次頁に続く➡

行動力	報告 連絡 相談	□仕事の進行状況は上司に連絡していたか？ □仕事の結果は上司に報告したか？ □問題が発生しそうな場合は、直ぐに上司や先輩、同僚に相談していたか？
	原価意識	□常にコスト意識を持って行動していたか？ □効率的に仕事をしていたか、無駄な時間はなかったか？
専門能力	専門知識 技能	□業務に必要な知識、技能を有しているか？ □上位職務に必要とされる知識・技能を理解し、修得する努力をしているか？
	理解力	□新しい仕事を早く、正確に把握することができるか？ □仕事に必要な知識や技能を把握しているか？ □他人が話したことを、ポイントをはずさず、正しく理解しているか？ □何度も聞き返さずに、仕事を進めることができるか？
	行動力	□やるべきことは、先延ばしせず、直ぐ行動に移しているか？ □仕事に集中しているか、ムラのある仕事をしていないか？ □仕事を中断せず、継続して行うことができるか？
	改善 工夫力	□仕事に工夫をしているか、改善提案を行っているか？ □ムダを発見することができるか？ □これまでのやり方に固執していないか、柔軟に物事を考えることができるか？
	表現力	□事実に基づき、自己の考えを述べているか？ □相手をよく見てポイントをおさえた話をしているか？ □相手に不快感を与えずに、自分の考えを述べているか？ □簡潔で分かりやすい文章を書いているか？
	順応 適応力	□自分の役割や立場を認識し、自分を変えていくことができるか？ □職場にとけこむことができるか？ □与えられた仕事に対し、前向きに取り組むことができるか？

巻末資料

≪管理職の評価≫

①知識・技術の習得 業務を遂行するために必要な知識とスキルの獲得	・業界の動向を把握しているか？ ・業務に必要な技能を身につけているか？ ・これから必要となる知識を積極的に取得しているか？
②業務革新・改善のための行動 業務フロー・業務プロセスの抜本的見直し（ＢＰＲ）	・社内リソースにとらわれず、業務工程を抜本的に見直す思考を持ち合わせているか？ ・常に柔軟な考えを持っているか？ ・業務の改善を常に考えているか？
③部署間の調整 目標達成のための関係部署との調整（連携・協力要請）	・目標達成に必要なリソースを把握しているか？ ・計画段階から根回しをしているか？ ・組織の枠組みに固執していないか？
④状況把握と意思決定 状況の把握と迅速な意思決定	・常に状況を把握しているか？ ・コミュニケーションは取れているか？ ・誰に何を任せたら良いか、計画変更の必要が生じた場合の対応や修正等は整理できているか？
⑤情報管理 情報収集、情報整理、情報の共有、情報の提供	・常に情報収集しているか？ ・正しい情報を掴んでいるか？ ・必要な情報は関係者と共有しているか？ ・業務に関連する情報は積極的に提供しているか？
⑥組織管理 目標達成のためのリーダーシップ	・業務・プロジェクトに必要な人員、チーム編成をしているか？ ・メンバー全員が同じ志でいるか？ ・メンバー全員が優先順位を理解しているか？
⑦部下育成 部下の能力・適性の把握、指導・育成	・部下の能力、モチベーションを把握しているか？ ・部下が理解できるまで説明しているか？ ・能力を最大限に発揮させるように工夫しているか？ ・部下にチャレンジをさせ、経験を積ませているか？
⑧目標管理 目標の明確化、コミットメントの明示、進捗管理	・ビジョンから部署目標、個人目標へブレークダウンできているか？ ・達成のイメージを共有しているか？ ・業務の進捗状況を把握しているか？ ・必要な指示をしているか？

⑤

≪労務監査≫

労務監査

監査項目（例）	着眼点（例）
1. 組織全般　【妥当性】 □ 経営理念・行動指針（行動規範）・社風 □ 組織職制と職務権限 □ 売上高生産性・付加価値生産性 □ 労務費比率（売上高労務費率・労働分配率） **2. 雇用管理関連　【適法性】** □ 労働契約（労働条件通知書）の整備状況 □ 雇用管理区分（正社員・パート・アルバイト・請負・派遣） □ 労働者名簿の整備状況 □ 障害者雇用率・高齢者雇用状況 □ 最低賃金法 **3. 労働契約関連　【適法性・妥当性】** □ 雇用区分別就業規則の制定状況 □ 就業規則及び労働条件通知の際の必要記載事項 □ 労基法、契約法、安衛法、均等法 □ 就業規則周知方法の有効性 □ 労働者代表の選出方法・意見聴取方法の妥当性 □ 就業規則等規程類の改訂状況 □ 不利益変更事例 **4. 労使協定関連　【適法性】** □ 労使協定及び労働協約の整備状況（期間・更新・届出） □ 協定・協約周知状況 □ 労使協定及び労働協約の遵守状況 **5. 労働保険・社会保険関連　【適法性・妥当性】** □ 雇用保険適用区分の適法性、昼間学生・兼務役員の状況	○**労働契約関連** 　労働契約関連では、契約期間、業務内容、賃金、労働時間、退職に関し書面を交付しているか、雇用契約書があるか等が調査対象となります。 ○**労働時間関連** 　労働時間関連では、労働時間（休憩・休日を含む）の管理は適正か、タイムカードや出退勤に改ざんは認められないか、労働時間は1分単位で計算され、未払いがないか、最低賃金額以上の賃金が支払われているか、36協定を締結し、毎年、届け出ているか、36協定で協定した時間を超えて労働させていないか、管理監督者の範囲は適正か等が調査対象となります。 ○**年次有給休暇関連** 　年次有給休暇関連では、起算日は正しく、継続勤務年数の計算及び付与日数は適正であるか、取得を阻害するような手当、買い上げ等は設定されておらず、自由な取得を認めているか、年次有給休暇の残日数は給与明細書に記載されているか等が調査対象となります。 ○**就業規則関連** 　就業規則関連では、変更の際に届け出ているか、必要記載事項は適正か、労働者を代表する者（過半数代表者）に意見聴取しており、過半数代表者の選出手続は適正であるか、周知しているか、減給の制裁等の懲罰規定があるか等が調査対象となります。

次頁に続く➡

監査項目（例）	着眼点
□ 社会保険適用区分の適法性 □ 算定事務・更新事務の正確性・書類保存状況 □ 保険事務の申請状況 □ 事業所保険成立状況 **6. 労働時間関連 【適法性・妥当性】** □ 雇用形態別労働時間制度の制定状況 □ 変形労働時間制の導入状況 □ 労働時間把握方法・給与額整合性 □ 時間外労働の実態及び把握状況・運用状況 □ シフト等の勤務割・休日カレンダーの運用状況 □ 休日振替・休憩の実態 □ 管理監督者の取扱い □ 産前産後及び育児介護休業制度の整備状況並びに取得状況 □ 年次有給休暇取得消化状況・阻害要因、起算日・勤続・付与実態 **7. 人事制度関連 【妥当性・適法性】** □ 役職制度及び職能資格等級制度等の人事制度の運用状況 □ 人事賃金制度運用上の諸問題 □ 定年制・再雇用制度の整備状況 □ 人事考課等評価制度の機能状況 □ 賞罰等委員会の運用状況 □ 解雇事例と解雇時の取扱い **8. 教育訓練関連 【妥当性】** □ 階層別・職種・職能別訓練の実施状況 **9. 賃金制度関連 【適法性・妥当性】** □ 賃金制度の周知状況 □ 賃金水準の妥当性 □ 勤怠管理・時間管理の運用状況 □ 昇給の実施状況 □ 人事考課等評価と昇降給・賞与の関	○**法定帳簿関連** 　法定帳簿関連では、労働者名簿、賃金台帳があり、記入事項は適正か、雇入れ、解雇、被保険者に関する書類は適正に保存されているか等が調査対象となります。 ○**均等法・育児介護休業・高齢者雇用関連** 　均等法及び育児介護休業法、高年齢者雇用安定法関連では、性別を理由とする差別的取り扱いを禁止する旨の規定があるか、職場におけるセクハラの禁止、セクハラにかかる厳正な対処を就業規則に規定しているか、育児休業、介護休業は適正であるか、子の看護休暇・介護休暇が規定にあるか、継続雇用制度を選択するにあっては希望者全員とする旨、規定しているか等が調査対象となります。 ○**安全衛生関連** 　労働安全衛生法関連では、安全管理者、衛生管理者、産業医の選任はあるか、安全・衛生委員会を設置し開催しているか、定期健康診断や特殊健康診断は適法に行われているか、作業環境や防護用具等の整備・着用状況、危険有害物質の取扱い状況、各種免許の確認、立入・物置禁止作業エリア確認、避難経路と誘導表示、消火器設置状況等が調査対象となります。 ○**労働・社会保険法関連** 　労働社会保険法関連では、事業所の保険成立手続は適正であるか、雇用保険の加入要件は適正であるか、社会保険の加入要件は適正であるか、被保険者標準報酬月額算定基礎・変更届、賞与支払届は適正であり、提出期限が守られているか

次頁に続く➡

監査項目（例）	着眼点
係、手当設定・割増・休暇関係の妥当性 □ 人事記録、給与計算事務 □ 遅刻早退控除の取扱い状況 □ チェックオフの適法性 □ 賃金計算基準の適法性 □ 給与明細書記載内容 **10. 均等法関連 【適法性】** □ 男女別処遇（人事・賃金）実態 □ セクハラ発生実態・教育・苦情処理体制 **11. 安衛法関連 【適法性】** □ 安衛法に関する規程の整備状況 □ 安全衛生管理者（衛生管理者・産業医）等の選任・巡視状況 □ 安全衛生委員会の開催状況 □ 労働災害の発生状況 □ 労働時間と健康管理に関する管理状況（健康診断等の実施状況） □ 労災予防活動・安全衛生訓練・防災活動の実施状況 **12. 個別労使関連 【適法性・妥当性】** □ 労基署の指摘事項・改善状況 □ 紛争発生及び処理状況 □ 金銭消費貸借及び退職 **13. 個人情報保護関連 【適法性】** □ プライバシーポリシーの設定状況 □ 従業員への周知・懲罰条項 □ 管理体制 **14. 機密保護関連 【妥当性】** □ 秘密情報管理体制 □ 機密文書管理規程・懲罰条項 □ 退職時の機密保持義務規定 **15. その他 【適法性】** □ 出向状況、出入国、外国人雇用	が調査対象となります。 **○割増賃金・給与計算関連** 　割増賃金関連では、割増賃金の計算の基礎となる賃金算出方法は適正であるか、時間外・深夜・休日の割増率は法定以上であるか、管理職に深夜業の割増賃金が支払われているか、みなし手当等の額は適正か等が調査対象となります。また、給与計算関連では、保険料の賃金からの控除は適正であるか、保険料の端数処理は正しく行われているか、給与明細書に出勤日数及び労働時間数、時間外手当が明示されているか等が調査対象となります。 **○その他** 　その他、労働法や国際法関連では、強制労働があると認められないか、年少者（児童）労働があると認められないか、苦情処理窓口を設置しているか、紛争解決のための訴訟手続等を明示しているか、公益通報に関し不利益取扱を禁止する旨の規定をしているか、不当労働行為があると認められないか等、育成就労関連業務については適正な監理がなされているか、外国人労働者の出入国や雇用管理は適正か、また出向、派遣、委託において、派遣法・職安法、不正競争防止法違反等はないか等があり、これらが調査対象となります。

索引

■数字・アルファベット■

360度評価…206

41条該当者…115

AI活用「5原則」G7…19

CSR…214

「CSR」の本来の目的…217

PDCAサイクル…209

■あ行■

安全衛生…167

育児休業…165

「委託」と「請負」の違い…195

請負との違い…182

応募資格…66

■か行■

解雇…88

解雇権…89

解雇制限期間…89

解雇制限期間と有期契約…89

解雇の手続…90

解雇予告…90

解雇予告と休業命令…91

解雇予告の適用除外…91

管理監督者…116

管理職の評価…224

期間の定めのある契約…75

企業再編…81

企業の社会的責任…214

「起業」はハイリスクハイリターン…197

基本となる考え方（法的思考）…5

基本給と手当…128

基本給等…128

基本手当…162

休業（補償）等給付…159

休業手当…63

休憩時間とは…96

休日とは…101

休日と割増賃金…136

休日振替と代休…135

休日労働…135

休日労働の手続…98

求人広告…66

求人や転職に“おいしい話”はない…29

給与と能力…197

競業避止義務…148

教育制度…208

行政サービス…40

業務災害…156

業務災害の認定…156

業務上疾病の認定…156

業務提供誘引販売取引…27

業務難易度：例…221

勤務時間が変更になった場合の取扱い…120

勤務予定表の作成…106

勤労と国家…29

均等待遇…68

禁止事項…62

組合活動…172

クーリング期間…83

契約期間の上限…76

契約更新と終了…82

経営指標と人材の関係…187

経営戦略としての労務管理…192

経営労務…185

継続勤務…119

健康診断…168

兼業…149

合意解約…79

考課エラー…205

考課区分…204

高度プロフェッショナル人材…113

合理的差…197

効力関係…45

個と組織の関係…49

個別労使関係…8

個別労使関係…43

個別労働関係…56

個別労働紛争解決…176

固定残業代…200

雇用…23

雇用関係も「郷に入れば郷に従え」…23

雇用保険…161
雇用保険の事業…40
雇用保険料…164
コンピテンシー評価…207
コンピテンシー評価（実務）…207

■さ行■

再就職手当…163
最低賃金…131
最低年齢等…67
採用…65
採用内定と取消…78
裁量労働制…112
作業分類：例…221
様々な手当…129
様々な労働時間法制…104
産前産後休業…165
時間外労働の手続…98
時間外労働…134
時間外労働と休日の関係…102
時間外労働の上限規制…100
時間管理から業績管理へ…114
時間単位年休…121
時季変更権…121
事業（個）…22
事業場外みなし労働時間制…111
私権における法律関係（権利・義務）…32
辞職…80
社会との整合…31
社会保険…35
社会保障…35
就業規則…139
就業規則と労働条件の関係…140
就業規則の効力…140
就業規則の変更…141
週30時間以上勤務する労働者の年次有給休暇…118
集団的利益…55
集団的労使関係…8
出向…144
紹介業や派遣業の"落とし穴"…42
障害者雇用義務…70
障害者雇用納付金制度…70
使用者権限…53

使用従属と労使協調…48
試用期間…74
傷病（補償）等年金…160
情報管理…147
賞与…202
ショップ制…174
所定外労働…134
所定休日労働…135
所定労働時間と法定労働時間…97
所定労働日数が少ない労働者の年次有給休暇…119
所定労働日数が変更された場合の取扱い…120
職位と給与…199
職業紹介事業…183
職業紹介業務や派遣業務にまつわるグレーな部分…25
職業紹介の利用は自己責任で…184
職能等級…191
職務専念義務…150
人事異動…143
人事制度…190
人事評価…203
性別と労働条件…69
整理解雇…92
セクシャルハラスメント…145
絶対的必要記載事項…139
前借金相殺の禁止等…62
戦略人事…192
相対的必要記載事項…139
組織…22
組織管理…47,52

■た行■

第三者に対する責任…64
第三者行為災害…159
退職…80
退職金…202
退職勧奨…85
退職時の証明等…87
タイムパフォーマンス…198
多様な契約形態…194
男女雇用機会均等法…70
団体的労使関係…44
小さな"不正"や"違反"が大きな事故に…54
遅刻・早退・欠勤とペナルティ…141

索引

懲戒の種類と程度…142
調整法…38
直接雇用を促す規制…179
賃金…123
賃金支払いの5原則…125
賃金制度…196
賃金の請求権…131
通勤災害…157
通勤災害における逸脱・中断…158
通勤災害の認定…157
定年制…84
当事者の消滅…80
同一労働同一賃金…68
特定商取引と労働…27

■な行■

妊娠・出産等に関するハラスメント…146
年次有給休暇…117
年次有給休暇中の賃金…120
年次有給休暇と退職日との関係…121
年次有給休暇の計画的付与…121
年次有給休暇の時間単位付与…121
年次有給休暇の取得ルール…121
年次有給休暇の付与日数…117
年少者の就業…67
年俸制度の運用…201

■は行■

賠償予定の禁止…62
配置転換…143
配置・登用・調達（採用）・OPの実務…221
派遣禁止業務…178
派遣・紹介…42
派遣と制限…179
派遣と請負…182
派遣元・派遣先…181
働く目的…21
ハラスメント…145
ハラスメント事案への対応フロー…220
ハラスメントへの対応…146
パワーハラスメント…145
ビジネスと人権…215
費用負担と労働時間…168

評価基準…204
評価区分と着眼点（例）…222
評価制度…203
評価方法…203
比例付与…119
「フィードバック」で進める意識改革…213
フィードバックの実務…213
副業…149
不正競争防止法…148
不当労働行為…172
フレックスタイム制…110
紛争解決手続…175
平均賃金…130
変形労働時間制…105
変更解約告知…85
法定外労働…134
法定休日…101
法定休日労働…135
法定三帳簿…51
法定労働時間…99
募集…65
本書で使用する言葉…4
本書の視点…3

■ま行■

マージン率…178
マタニティハラスメント…146
未成年者の労働契約…67
みなし残業制…200
民間サービス…42
無期転換申込権…82
無期転換ルールの特例…83
無限連鎖講取引…28
面接制度…212
目標管理制度…208
目標管理制度の運用…211
目標管理制度の構築・導入…210
モチベーション管理…188

■や行■

役割等級制度…191
雇入れ時の年齢確認義務…67
雇い止め…77

有期契約と解雇…89
有期契約における期間の満了…81
有期契約の更新…77
有期労働契約…75
有休の買取り…122
予防法務としての労務管理…54

■ら行■

離職理由…86
リスク回避…169
ルールの徹底…170
労基法…38
労基法上の賃金…124
労基法第41条の適用除外者…115
労基法における事業（適用事業）…58
労基法の適用除外…115
労組法…38
労災保険…155
労使共通の視点…55
労働委員会…175
労働関係の終了…79
労働関係法…37
労働基準行政…46
労働協約…173
労働契約…71
労働契約5原則…72
労働契約の効力…72
労働契約の成立…73
労働契約の即時解除と帰郷旅費…60
労働契約の締結及び終了…43
労働組合…171
労働災害…64
労働搾取の実態…26
労働三権…44
労働三法…38
労働市場…39
労働市場と給与…196
労働時間・休日…94
労働時間とは…95
労働時間と手当…200
労働時間の管理…100
労働時間の上限規制…107
労働時間規制の体系…93

労働実態…28
労働実務…51
労働者及び使用者…57
労働・社会保険…151
労働・社会保険制度…153
労働者災害補償保険法…155
労働者に適用される保険給付…154
労働者に適用される保険制度…151
労働者派遣事業…177
労働条件…59
労働条件の決定…59
労働条件の相違…60
労働条件の変更…61
労働条件の明示…60
労働生産性…186
「労働」という言葉の意味と背景…21
労働とは…18
労働に関する法律…37
労働に必要な精神…20
労働の価値…23
労働の搾取…24
労働の本質…22
労働の動機づけ…23
労働分配率…186
労働への介入…184
労働法3分類…39
労働法上の責任…63
労働法と憲法との関係…33
労働法とは…5
労働法と民法との関係…36
労働法の位置づけ…31
労働法の適用範囲…181
労働力ポートフォリオ…193
労働を取り巻く環境…19
労務監査…218,225
労務管理…47
労務管理の流れ（全体像）…49
労務提供義務…150

■わ行■

割増賃金…132
割増賃金と手当…137
割増率…132

【著者略歴】

岡 久（おか ひさし）

戦略人事コンサルティングファーム・シンクタンク岡事務所＆ナイン・ヒル・パートナーズ㈱主席研究員。社会保険労務士。外部監査人・Auditor（US）

専門は AI 社会における組織マネジメント、人口減少社会への企業対応等。サプライチェーンの労務問題に精通する。理念は「人事労務は会社の柱。人が事業を継続させ、会社を発展させる。ベンチャーマインドなくして会社の未来なし」。

著書に『この 1 冊でスラスラ！給与計算大全』、『知識経験ゼロからのフリーランス働き方相談所』（共に自由国民社）、監修に『Ｈアッシュ仮想通貨 BLOOD と AI になった歌姫』（三冬社）などがある。

シンクタンク岡事務所　→　www.9hills.jp

この1冊でスラスラ！労働法大全

2024 年（令和 6 年）9 月 4 日　初版第 1 刷発行

著　者　岡 久
発行者　石井 悟
発行所　株式会社自由国民社
　　　　東京都豊島区高田 3-10-11　〒 171-0033　　電話 03-6233-0781(代表)
造　本　ＪＫ
印刷所　大日本印刷株式会社
製本所　新風製本株式会社

Ⓒ 2024 Printed in Japan.

○造本には細心の注意を払っておりますが、万が一、本書にページの順序間違い・抜けなど物理的欠陥があった場合は、不良事実を確認後お取り替えいたします。小社までご連絡の上、本書をご返送ください。ただし、古書店等で購入・入手された商品の交換には一切応じません。

○本書の全部または一部の無断複製（コピー、スキャン、デジタル化等）・転訳載・引用を、著作権法上での例外を除き、禁じます。ウェブページ、ブログ等の電子メディアにおける無断転載等も同様です。これらの許諾については事前に小社までお問い合わせください。また、本書を代行業者等の第三者に依頼してスキャンやデジタル化することは、たとえ個人や家庭内での利用であっても一切認められませんのでご注意ください。

○本書の内容の正誤等の情報につきましては自由国民社ホームページ（https://www.jiyu.co.jp/）内でご覧いただけます。

○本書の内容の運用によっていかなる障害が生じても、著者、発行者、発行所のいずれも責任を負いかねます。また本書の内容に関する電話でのお問い合わせ、および本書の内容を超えたお問い合わせには応じられませんのであらかじめご了承ください。